Pusteblume

Das Sprachbuch 4

Sachsen

Neubearbeitung

Herausgegeben von
Wolfgang Menzel

Erarbeitet von
Christel Jahn, Wolfgang Kunsch, Wolfgang Menzel,
Udo Schoeler, Brigitte Schulz, Sabine Stach-Partzsch,
Katja Vau

Für Sachsen bearbeitet von
Kathrin Bartholomäus, Carmen Köppe, Christine Schilling

Illustriert von
Christine Bietz, Angelika Çıtak, Kerstin Meyer,
Stephan Pricken, Michael Schober, Alexander Steffensmeier,
Elena Temporin

Schroedel

Inhaltsverzeichnis

Im Buch stöbern

4, 5 Im Buch stöbern
5 Wichtige Zeichen im Buch

A … wie Anfang

6 So schreibe ich schön
7 Handschriften vergleichen
8 Schreibgeräte
9 Schriften

Ich und die anderen

10 Ich und die anderen
11 So verstehen wir uns besser
12 Streiten und sich einigen
13 Einmischen oder Hilfe holen?
14 Sprachen in unserer Klasse
15 Modewörter
16 Kinder haben Rechte
17 Kinderrechte im Alltag
18 Übungskiste
19 Ideenkiste

Tiere im Wasser

20 Tiere im Wasser
21 Lebensraum Wasser
22 Tiere im Teich
23 Teichmolch oder Kammmolch?
24 Tiere im Ozean – Blauwale
25 Gefahren für Wale
26 Übungskiste
27 Ideenkiste

Die Welt um uns herum

28, 29 Kinder in der Schule
30, 31 Auf der Kakaoplantage
32, 33 Einkaufen
34 Übungskiste
35 Ideenkiste

Das Fahrrad und andere Erfindungen

36 Das Fahrrad und andere Erfindungen
37 Fahrradwörter
38 Fahrrad fahren früher …
39 … und heute
40 Natur …
41 … und Technik
42, 43 Werbung ausdenken und gestalten
44 Übungskiste
45 Ideenkiste

Feuer

46 Feuer
47 Feuer-Wörter
48 Symbole für den Notfall
49 Probealarm in der Schule
50 Ich bin das Feuer
51 Feuer in der Natur – der Vulkan Kilauea
52 Übungskiste
53 Ideenkiste

Medien – lesen, hören, sehen

54 Medien – lesen, hören, sehen
55 Medien vorstellen
56, 57 Klassenzeitung
58, 59 An der Klassenzeitung arbeiten
60 Übungskiste
61 Ideenkiste

Jahreszeiten, Feste und Feiern

62 Kinder feiern …
63 … rund um die Welt
64 Frühling
65 Zum Verschenken
66 Sommer
67 Sommerferien
68, 69 Herbst
70, 71 Winter

Lern-Werkstatt

72 Vorbereitung auf Klassenarbeiten
73 Informationen sammeln und präsentieren
74 Wörter üben
75 Üben mit der Lernkartei
76 Mit der Wörterliste berichtigen und arbeiten
77 Was kann ich nun?

Rechtschreib-Werkstatt

78 Langer Selbstlaut – kurzer Selbstlaut
79 Wörter mit zwei Selbstlauten
80 Wörter mit doppelten Mitlauten
81 Wortfamilien mit einfachen und doppelten Mitlauten
82 Wörter mit k und ck
83 Wörter mit z und tz
84 Wörter mit ss und ß
85 Forscheraufgabe
86 Wörter mit s
87 Was kann ich nun?
88 Wörter mit b, d, g
89 Forscheraufgabe
90 Wörter mit silbentrennendem h
91 Wörter mit und ohne Dehnungs-h
92 Wörter mit ä und äu
93 Wortbildung: ein oder zwei Mitlaute?
94 Wichtige Wortbausteine
95 Besondere Wörter 1
96 Besondere Wörter 2
97 Was kann ich nun?

Sprach-Werkstatt

98 Sprach-Werkstatt
99 Wortbausteine
100 Substantive: Singular (Einzahl) und Plural (Mehrzahl)
101 Der bestimmte und der unbestimmte Artikel
102 Substantive werden großgeschrieben
103 Nachsilben von Substantiven
104, 105 Substantive und ihre Formveränderung im Satz
106 Adjektive
107 Die Pronomen
108 Verben sind ganz besondere Wörter
109 Wortfelder aus Verben
110, 111 Die Zeitformen
112 Satzglieder
113 Umstellproben – einen Text verbessern
114 Subjekt und Prädikat
115 Satzergänzungen
116 Subjekt – Prädikat – Ergänzung
117 Kommas und Punkte
118 Zeichen der wörtlichen Rede
119 Was kann ich nun?

Schreib-Werkstatt

120 Schreib-Werkstatt
121 Eine Fabel lesen und untersuchen
122 Wie Fabeln gebaut sind
123 Eine Fabel schreiben
124 Schreibkonferenz: Texte besprechen
125 Eine Geschichte zu einer Fabel umschreiben
126 Eine Fabel planen, entwerfen, überarbeiten und präsentieren
127 Geschichten nach Vorgaben schreiben
128 Gemeinsam Geschichten schreiben
129 Ein Rondell schreiben
130 Eine Bildergeschichte schreiben und überarbeiten
131 Einen Unfallbericht schreiben
132, 133 Texte zusammenfassen
134 Briefe schreiben
135 Texte veröffentlichen

136-151 **Wörterliste**
152, 153 **Lösungen:** Was kann ich nun?
154-157 **Wichtige Fachwörter**
158, 159 **Die Kompetenzbereiche**
160 **Quellen und Impressum**

Im Buch stöbern

① Welches Kapitel beginnt auf Seite 46?

② Auf welcher Seite beginnt das Kapitel **Tiere im Wasser?**

③ Wie heißt die Überschrift von Seite 14? Zu welchem Kapitel gehört die Seite?

④ Suche diese Bilder.

Zu welchen Kapiteln gehören sie?

⑤ Auf welcher Seite ist dein Lieblingsbild?

⑥ Wie heißt der Junge auf Seite 30?

1 Lies dir die Karten ① bis ⑪ durch, die an der Pinnwand auf diesen beiden Seiten hängen.

2 Suche dir 6 Karten von der Pinnwand aus. Schreibe die Fragen ab und beantworte sie.

3 Denke dir selbst eine Frage für ein anderes Kind aus.

⑦ Wie viele Bilder sind auf Seite 46?

⑧ Über welches Tier möchte Jarek einen Vortrag halten? Sieh in der **Lern-Werkstatt** nach.

⑨ Wer berichtet auf Seite 131 über einen Unfall? Sieh in der **Schreib-Werkstatt** nach.

⑩ Welche Tiere findest du auf Seite 98?

⑪ Auf welcher Seite beginnt die Wörterliste?

Wichtige Seiten in der Lern-Werkstatt

Seite 74 Wörter üben
Seite 75 Üben mit der Lernkartei

Wichtige Zeichen im Buch

1 So ein Zeichen steht vor jeder Aufgabe.

2 Eine Zusatzaufgabe erkennst du an dieser Farbe.

Pusteblume Zusatzwörter oder Zusatztexte erkennst du auch an dieser Farbe.

In einem solchen Kasten steht immer eine wichtige Regel.

4 Lies dir genau durch, was auf dem Schild über die wichtigen Zeichen im Buch steht.

5 Versuche, diese Zeichen im Buch zu finden.

A … wie Anfang

So schreibe ich schön

Besonders schön und sauber musst du Briefe, Einladungen, Gedichte oder Texte im Freundschaftsbuch schreiben.

Tipps: schön schreiben
- vorschreiben
- durchlesen und berichtigen
- Linien ziehen
- sauber und fehlerfrei abschreiben

1 Sprecht über das Aussehen der Texte.

2 Was fällt euch an den folgenden Texten auf?

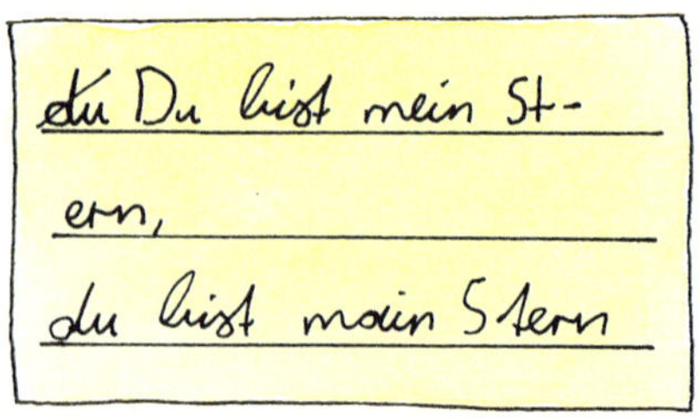

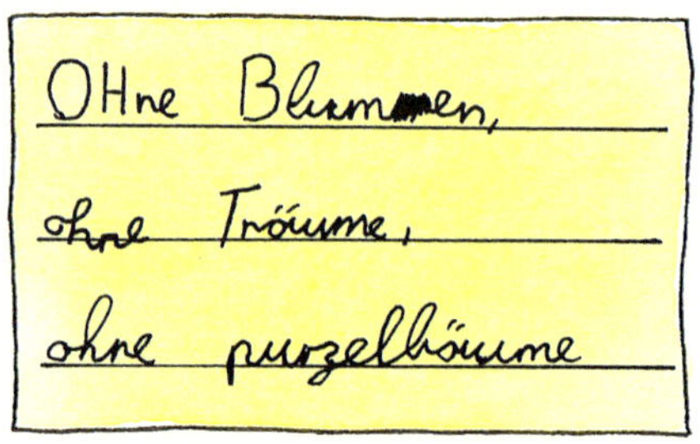

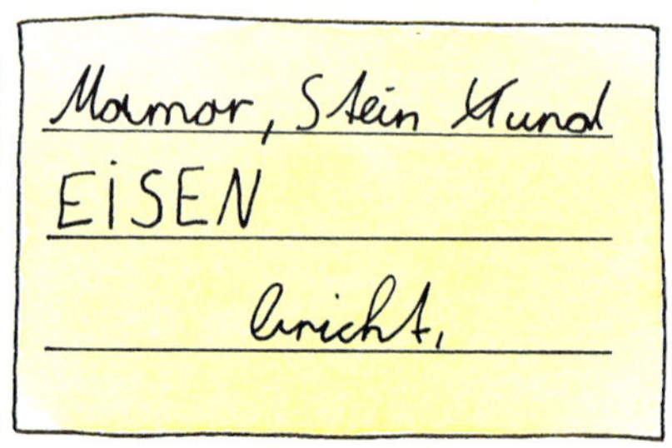

3 Schreibst du einen Vers lieber in Druckschrift oder in Schreibschrift ab? Schreibe deine Begründung ins Heft.

4 Schreibe einen Vers in deiner schönsten Schrift ab. Beachte dabei die Tipps auf dieser Seite.

5 Unterschreibe den Vers mit deinem Namen.

Handschriften vergleichen

Jeder Mensch hat eine eigene Handschrift,
die man von anderen unterscheiden kann.

Ich bin jetzt in der vierten Klasse.

(1) Schreibe diesen Satz in deiner Schrift auf einen Zettel.

① Ich bin jetzt in der vierten Klasse.

② Ich bin jetzt in der vierten Klasse.

(2) Hängt eure Zettel auf und vergleicht die Einzelheiten:
- Wie leserlich ist die Schrift?
- Ist sie nach links oder rechts geneigt?
- Ist die Schrift groß oder klein?
- Welche Buchstaben sind besonders auffällig?
- Welche kann man besonders gut erkennen?

(3) Wer hat welchen Zettel geschrieben?
Ordne die Zettel den Kindern deiner Klasse zu.

(4) Was kannst du an deiner Handschrift ändern,
damit sie leserlicher wird?

Unterschriften sind besonders persönlich

Fabian Meißner Hugo Walter Fritz Dingler 

(5) Welche Unterschrift gefällt dir am besten? Warum?

(6) Wie ist deine Unterschrift?
Probiere mehrere Möglichkeiten aus:
- besonders schnell
- schön verziert
- besonders groß oder klein

Schreibgeräte

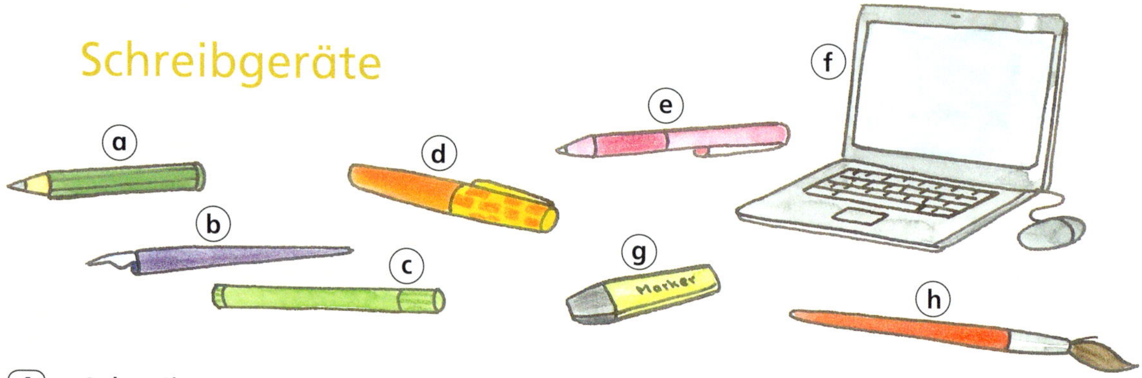

1 Schreibe in dein Heft, wie diese Schreibgeräte heißen.
Wenn du noch andere Schreibgeräte kennst, schreibe sie auch auf.
a – Bleistift, b – ...,

2 Wähle für folgende Aufgaben das passende Schreibgerät aus:

- Einen Text abschreiben
- Ein Plakat beschriften
- Ein Dreieck zeichnen
- Ein T-Shirt beschriften
- Einen Brief schreiben
- Deine Anfangsbuchstaben kunstvoll gestalten
- Wichtige Wörter im Text markieren
- Ins Freundschaftsbuch schreiben
- Alte Schriften schreiben
- Fehler im Text unterstreichen
- Ein Mandala ausmalen

Buntstift | Laptop | Filzstift | Füller | Kugelschreiber | Marker | Feder | Bleistift

Schreibe so in dein Heft: *Einen Text schreibe ich mit dem Füller ab.*

3 Womit schreibst du am liebsten? Warum?

4 Mit welchem Schreibgerät wurde dieser japanische Name wohl geschrieben?

山田太郎

5 Tintenlöscher – ja oder nein?
Sammelt zu zweit Argumente für und gegen das Benutzen eines Tintenlöschers.

Schriften

Auf dem Computer gibt es viele verschiedene Schriften:

① Schokolade ② Schokolade ③ Schokolade ④ Schokolade

⑤ Schokolade ⑥ SCHOKOLADE ⑦ Schokolade ⑧ SCHOKOLADE

1 Vergleicht die Schriften miteinander.
Achtet besonders auf die Form der Buchstaben.

2 Welche Schrift gefällt dir am besten? Warum?

3 Schreibe deine Adresse mit verschiedenen Computerschriften und stelle sie aus.

Letter Gothic:	Minion:	Bauhaus:
Paula Schulz	Paula Schulz	Paula Schulz
Igelstraße 20	Igelstraße 20	Igelstraße 20
04329 Leipzig	04329 Leipzig	04329 Leipzig

4 Entwirf für dich eine Visitenkarte mit Namen, Adresse und Logo.
Überlege zuerst, was an dir besonders ist.
Denke dir dann ein passendes Logo für dich aus.
Probiere verschiedene Schriften für deine Visitenkarte aus.
Stellt eure Karten in der Klasse aus.

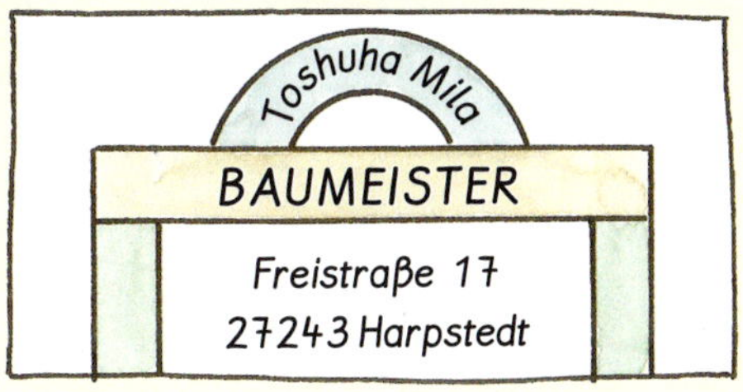

5 Entwirf für diese Firmen ein besseres Logo.

FloraBlumen

Sonnen Apotheke

Ich und die anderen

1. Lest die Zettel, die an der Pinnwand hängen.

2. In der Freitagsrunde nehmen die Kinder aus der Klasse 4b die Zettel von der Pinnwand. Was wird die Klasse wohl besprechen?

3. Wie würde eure Pinnwand aussehen? Sind euch noch andere Überschriften wichtig? Legt für eure Klasse auch eine solche Pinnwand an.

• Sich eine Meinung bilden und sie äußern

▶ Medien – lesen, hören, sehen: Seite 57

So verstehen wir uns besser

Was mich stört
Wenn ihr voneinander wisst, was euch stört, könnt ihr bei einem Streit darauf Rücksicht nehmen oder einen Streit sogar verhindern.

Mich stört sehr, dass ... Mia

Es nervt mich, wenn ... Leonie

Ich werde richtig wütend, wenn mich jemand auslacht. Laura

1. Schreibe auf, was dich aufregt. Vergiss deinen Namen nicht.

2. Hängt eure Texte auf, lest sie und sprecht darüber.

Manchmal werden Satzteile durch Wörter wie *dass, denn, als, wenn* miteinander verbunden. Diese Wörter nennt man **Bindewörter.** Vor den Bindewörtern steht ein **Komma:**
Ich freue mich, dass ... *Es gefällt mir, wenn ...*

Was mir gefällt
Wenn ich weiß, dass die anderen mich auch nach einem Streit noch mögen, kann ich selbstsicherer und fairer streiten.

3. Jedes Kind schreibt den eigenen Namen auf zwei Zettel. Nun werden die Zettel gemischt. Jedes Kind zieht zwei Zettel mit verschiedenen Namen. Schreibe etwas Freundliches an die Kinder, deren Namen du gezogen hast.

4. Setzt euch in den Gesprächskreis und teilt die Zettel aus. Wer möchte, kann jetzt einen Text vorlesen.

5. Schreibe einen kleinen Text mit der Überschrift:
Ein schönes Erlebnis mit ...
Du kannst den Text dem Kind schenken, mit dem du das schöne Erlebnis hattest.

An Lena: Ich habe mich gefreut, als ...

An Emir: Ich mag an dir, dass ...

An Samira: Ich mag es sehr, wenn du ...

Streiten und sich einigen

Wir holen erst einmal tief Luft.

Wir hören aufmerksam zu.

Wir lassen einander ausreden.

Wir stellen Warum-Fragen.

Wir sehen uns an.

Wir vermeiden die Wörter „immer" und „nie".

Wir sprechen auch über unsere Gefühle.

Wir suchen gemeinsam nach Lösungen.

1 Sprecht über die Vorschläge.
Welche Regeln sind euch wichtig?

2 Schreibt eure Streitregeln auf ein Plakat oder hängt sie auf.

3 Sucht euch zu zweit oder zu dritt eine Streitszene aus und überlegt euch den Ablauf des Streits.
Ihr könnt auch einen Streit nachspielen, der kürzlich in eurer Klasse passiert ist.
- Marie hat verraten, dass Hanna in Tim verliebt ist. Die ganze Klasse weiß es nun. Jetzt ist Hanna wütend.
- Leon hat Jonas beim Spielen umgerannt. Sofort beginnt Jonas eine Prügelei.

4 Spielt unterschiedliche Möglichkeiten vor.
Beachtet dabei eure Streitregeln.

5 Die anderen beobachten genau.
Jeder achtet nur auf eine Regel.

- Gemeinsam Regeln festlegen und sich daran halten
- Vorgänge szenisch umsetzen
- Konfliktlösungen anbahnen

► Förderheft: Seite 9

Einmischen oder Hilfe holen?

1 Wie könnten sich Hanna und Tina verhalten? Schreibt Stichwörter auf und sprecht darüber.

2 Wann würdest du dich einmischen, wann würdest du das nicht tun? Wann würdest du Hilfe holen?

3 Wen könnt ihr in einer schwierigen Situation um Hilfe bitten? Sammelt verschiedene Möglichkeiten und findet Adressen und Telefonnummern von Profis heraus. Hängt eure Ergebnisse in der Klasse oder an der Infowand auf.

Hier bekommen wir Hilfe!
<u>In der Schule:</u> Lehrerinnen, Lehrer, Schulleiter, …
<u>In der Freizeit:</u> Eltern, Oma, Verkäufer in Geschäften, …
<u>Bei Profis:</u> Kinder- und Jugendtelefon, Kinderschutzbund (www.dksb.de), Polizei-Notruf: 110

4 Hast du schon einmal eine schwierige Streitsituation oder einen Notfall erlebt? Erzähle einem anderen Kind davon oder schreibe darüber.

Sprachen in unserer Klasse

Ich heiße Anastasija und gehe in die Klasse 4a.
In unserer Familie werden viele Sprachen gesprochen.
Meine Mama spricht mit ihren Eltern,
meinem Bruder Aleksej und mir kroatisch.
Papa spricht mit seinen Eltern und uns Kindern türkisch.
Meistens antworten wir ihnen auf Deutsch,
aber wir verstehen alles, was sie zu uns sagen.
Mama und Papa unterhalten sich in der deutschen Sprache, denn sie haben sich in Deutschland schon in der Schule kennengelernt. Aleksej und ich sprechen auch deutsch miteinander. Wenn wir aber Oma und Opa in der Türkei besuchen, sprechen alle türkisch, weil Oma und Opa nur wenig Deutsch können.

1 Was erfahrt ihr über Anastasijas Familie?

2 Wer spricht in Anastasijas Familie welche Sprache?
Schreibe so:
Anastasija spricht deutsch, … *Aleksej …* *Mama …*

3 Forsche in deiner Klasse, deiner Schule, deiner Nachbarschaft nach. Wer spricht welche Sprache in der Familie? Schreibe über eine Person eine kleine Sprachengeschichte wie über Anastasija.
… geht in die … Klasse. In ihrer/seiner Familie …
Du kannst auch über dich selbst schreiben.

4 Suche möglichst viele Übersetzungen für die Wörter in den Kästen.
Finde möglichst auch die Schreibweise heraus und schreibe so:
Guten Tag! – Bonjour! (französisch), – Buon giorno! (italienisch), …
Auf Wiedersehen! – …

Guten Tag! | Auf Wiedersehen! | Danke! | Bitte!

5 Vergleicht zu zweit die Übersetzungen.
Findet Gemeinsamkeiten und Unterschiede.

- Sich mit unterschiedlichen Sprachen beschäftigen
- Mit dem Lexikon arbeiten

▶ Jahreszeiten, Feste und Feiern: Seite 67, 70

▶ Arbeitsheft: Seite 11

Modewörter

1 Sprecht darüber, was hier passiert.

2 Schreibe das Gespräch zwischen Leo und Max so auf, dass Leos Oma es verstehen würde.
Leo: Heute habe ich im Mathematikunterricht ...
Max: Ich ...

3 Sammelt Wörter in eurer Sprache, die die Erwachsenen wahrscheinlich nicht verstehen.
Überlegt euch Übersetzungen dafür.

4 Befragt Erwachsene nach den Modewörtern aus ihrer Jugend.
Schreibt sie auf und legt eine Klassensammlung an.

5 Legt eine Tabelle mit Modewörtern von früher und von heute an.

früher	*heute*	*Übersetzung*
Drahtesel	*Bike*	*Fahrrad*
...	...	...

6 Schreibe einen kleinen Text, in dem viele Modewörter vorkommen.

Kinder haben Rechte

Am 20. November 1989 einigten sich fast alle Staaten der Erde auf eine Vereinbarung über die Rechte von Kindern. Diese heißt: **Kinderrechtskonvention der Vereinten Nationen.**

Hier sind einige Kinderrechte in Kurzfassung:

1. Alle Kinder auf der ganzen Welt haben die gleichen Rechte. Kein Kind darf benachteiligt werden.
2. Kinder haben das Recht auf Leben und Gesundheit. Dazu gehört auch, bei Bedarf medizinisch behandelt zu werden.
3. Kinder haben das Recht auf Schutz vor Gewalt, Missbrauch und Ausbeutung.

4. Kinder haben das Recht, zur Schule zu gehen und alles zu lernen, was ihren Bedürfnissen und Fähigkeiten entspricht.
5. Kinder haben das Recht, sich zu informieren, sich eine eigene Meinung zu bilden und mitzubestimmen, wenn es sie betrifft.

6. Kinder haben das Recht, bei ihren Eltern zu leben oder sie regelmäßig zu treffen.
7. Kinder haben das Recht auf Freizeit, Spiel und Erholung.
8. Kinder müssen im Krieg und auf der Flucht besonders geschützt werden.
9. Kinder mit Behinderungen haben das Recht auf besondere Unterstützung, damit sie aktiv am Leben teilnehmen können.

(1) Klärt die Bedeutung von allen Wörtern, die ihr nicht kennt.

(2) Sprecht über die Kinderrechte. Die Bilder können euch dabei helfen.

(3) Welche Kinderrechte sind die wichtigsten für dich? Erkläre warum.

- Schwierige Wörter kennenlernen
- Sich eine Meinung bilden und sie begründen

► Ideenkiste: Seite 19

► Forderkartei: Nr. 15

Kinderrechte im Alltag

1 Überlegt gemeinsam: Welche Kinderrechte sind hier betroffen?

2 Überlegt euch zu jedem Bild: Wie wäre die Situation, wenn die Kinderrechte beachtet würden?

3 Schreibe ein eigenes Erlebnis mit einem Kinderrecht auf. Lest euch eure Texte vor und sprecht darüber.

Kinder haben das Recht auf Mitbestimmung.

4 Schreibe die Antworten auf folgende Fragen auf:
- Wobei darf ich in der Schule mitbestimmen?
- Wobei darf ich in der Schule nicht mitbestimmen?
- Wobei möchte ich gern mitreden und mitbestimmen?

5 Gestaltet ein Plakat mit den Kinderrechten, die für euch wichtig sind.

Übungskiste

sich freuen gemeinsam lieben zusammen sich aufregen
hassen sich einigen Streit miteinander Traurigkeit
Meinung stören traurig Wut hilfsbereit Freund
getrennt fair mögen Flucht gegenseitig sich ärgern

1 Sortiere die Wörter. Schreibe so auf:
Verben: sich freuen, … *andere Wörter: gemeinsam, …*

2 Schreibe mit den Verben **dass**-Sätze oder **wenn**-Sätze auf:
Ich freue mich, dass ich Klassensprecherin geworden bin.
Der Junge liebt Regen, wenn …

Abschreibtext

Nach dem Streit
Luisa ist beim Schlittschuhlaufen gestolpert
und Hanna, ihre beste Freundin, musste lachen.
Da bekam Luisa eine riesengroße Wut.
Sie schimpfte laut wie ein Rohrspatz und
ihre rehbraunen Augen blitzten.
Aber Hanna lachte nur noch mehr.
Da hat Luisa ihre Sporttasche gepackt
und ist mit der Straßenbahn nach Hause gefahren.
Jetzt liegt sie traurig auf ihrem Bett.
Plötzlich klingelt das Telefon.

3 Schreibe den Text in deutlicher Schrift ab.
Unterstreiche die zusammengesetzten Substantive und Adjektive.

4 Schreibe die beiden Wortteile der zusammengesetzten Wörter
so auf: *Schlittschuhlaufen – der Schlittschuh, laufen, …*

5 Wie könnte die Geschichte weitergehen? Schreibe in dein Heft.

- Nach Satzmustern schreiben
- Methodisch sinnvoll und korrekt abschreiben

▶ Lern-Werkstatt: Seite 74, 76
▶ Schreib-Werkstatt: Seite 129
▶ Wörterliste: Seite 136 – 151
▶ Arbeitsheft: Seite 11, 13, 27
▶ Förderheft: Seite 11
▶ Forderkartei: Nr. 19, 20

Ideenkiste

(1) Führt eine Kinderrechte-Rallye durch:
- Sucht in eurer Schule nach Beispielen dafür, dass Kinderrechte umgesetzt oder nicht umgesetzt werden.
- Schreibt Beispiele auf, macht Fotos und sprecht darüber.
- Klebt die Fotos auf zwei Plakate und schreibt Texte dazu.

(2) Macht eine Kinderrechte-Rallye in eurer Stadt oder im Stadtteil.

(3) Finde in Büchern, Kinderzeitschriften oder im Internet noch mehr über die Kinderrechte heraus.
Wenn du etwas Interessantes entdeckst, schreibe es auf und berichte den anderen Kindern darüber.
- Deutsches Kinderhilfswerk: *www.kindersache.de*
- Unicef: *www.unicef.de*
- Bundesministerium für Familien, Senioren, Frauen und Jugend: *www.bmfsfj.de*

- Mit Medien arbeiten
- Im Internet Informationen sammeln

▶ Ich und die anderen: Seite 16

Tiere im Wasser

Wasser ist Lebensraum

Der Planet Erde ist zum größten Teil von Wasser bedeckt. Wasser bildet den Lebensraum für unterschiedliche Lebewesen. Manche Wassertiere können nur im Salzwasser leben, andere nur im Süßwasser. Die einen bevorzugen frisches, fließendes Wasser, die anderen kleine, brackige Tümpel. In unseren Seen und Teichen leben Fische, Molche, Wasserschnecken, Wasserkäfer und Wasserspinnen.
In den Ozeanen gibt es riesige Meeressäugetiere wie zum Beispiel den Wal, aber auch mikroskopisch kleine Wesen wie das Plankton. Der Artenreichtum ist riesengroß.
Es gibt Fische von unterschiedlicher Größe, Form und Farbe, Meeresschildkröten, Quallen, Seegurken, Krebse und vieles mehr. Alle Tiere des Wassers haben sich ihrer Wasserwelt angepasst.

1 Sprecht über den Text. Was erfahrt ihr über den Lebensraum Wasser und seine Bewohner?

2 Sucht im Lexikon oder im Internet Erklärungen zu Begriffen, die ihr nicht versteht, und schreibt sie auf. Vergleicht dann eure Ergebnisse miteinander.

3 Stellt einen Informations- und Ausstellungstisch zum Thema *Tiere im Wasser* zusammen.

- In Texten Informationen finden
- Unterschiedliche Medien nutzen

Lebensraum Wasser

Die Kinder der Klasse 4a wollen sich über Tiere im Lebensraum Wasser informieren und einen Vortrag vorbereiten.

Hier leben Karpfen und Barben. Das sind Friedfische. Die ernähren sich von Insektenlarven und Schnecken.

Darlin

Im April und im Mai kommt die Karettschildkröte an den Strand, um ihre Eier abzulegen. Sie gräbt ein Loch in den Sand, legt ihre Eier dort hinein und verschließt es dann. Nach ungefähr 55 Tagen hat die Sonne die Eier ausgebrütet. Die kleinen Schildkröten schlüpfen bei Nacht aus den Eiern und graben sich durch den Sand an die Oberfläche. Sofort krabbeln sie los Richtung Wasser.

Lara

Die Ohrenqualle ist durchsichtig und an den vier weißen Ringen zu erkennen. Sie ist im Gegensatz zur Feuerqualle harmlos.

Luca

1. Welche Informationsquellen nutzen Luca, Lara und Darlin?

2. Welche Möglichkeiten kennt ihr noch? Welche Informationsquellen nutzt ihr selbst am liebsten? Sprecht darüber.

3. Suche dir ein Wassertier aus. Beschaffe dir darüber Informationen aus unterschiedlichen Quellen. Schreibe dann einen Text über dein Tier.

► Medien – lesen, hören, sehen: Seite 58
► Lern-Werkstatt: Seite 73

Tiere im Teich

1 Unter den Lupen auf dem Bild seht ihr vier kleine Wassertierchen: den Wasserläufer, den Rückenschwimmer, den Gelbrandkäfer und den Seerosenblattkäfer.
Ordnet jedem Wassertierchen einen Namen zu.

2 Vergleicht und begründet eure Auswahl.
Schreibt eure Begründungssätze so:
Der Seerosenblattkäfer frisst das Blattgrün der Seerosenblätter.
Der Rückenschwimmer …

3 Welche weiteren Lebewesen haben sonst noch ihren Lebensraum am oder im Teich?
Schreibt so: *am Teich: die Ente, …*
im Teich: …

● Erklärungen für unbekannte Wörter suchen

▶ Das Fahrrad und andere Erfindungen: Seite 37

▶ Forderkartei: Nr. 21

Teichmolch oder Kammmolch?

Teichmolch

Kammmolch

1 Seht euch die beiden Fotos der Molche an.
Beschreibt beide Tiere so genau wie möglich.

1. Der Teichmolch ist ungefähr elf Zentimeter lang.
2. Der Kammmolch ist mit ungefähr achtzehn Zentimetern länger als der Teichmolch.
3. Das Männchen des ? hat eine gelbbraune Oberseite und auf der Unterseite runde, dunkle Punkte.
4. Der ? ist ein großer, kräftiger Molch mit einem breiten Kopf.
5. Die Haut des ? ist sehr dunkel und leicht gekörnt.
6. Die Haut des ? ist ganz glatt.
7. Das Männchen des ? hat einen hohen schwarzen Kamm auf dem Rücken, der am Beginn des Schwanzes unterbrochen ist.
8. Der ? hat einen Kamm auf dem Rücken, der durchgängig vom Kopf bis zur Schwanzspitze reicht.

2 Lest nun die Sätze.
Die Beschreibungen der beiden Molche wurden vermischt.
Schreibt je vier zusammengehörende Sätze so, dass zwei richtige Beschreibungen entstehen.

Der Teichmolch ist ungefähr … *Der Kammmolch ist mit ungefähr …*
Das Männchen …

- Fotos beschreiben
- Bilder betrachten und Texte zuordnen

▶ Sprach-Werkstatt: Seite 101

▶ Förderheft: Seite 13
▶ Forderkartei: Nr. 23

Tiere im Ozean – Blauwale

Der Blauwal ist das größte Säugetier der Erde.
Er kann eine Körperlänge von bis zu 33 Metern erreichen.
Mit ungefähr 120 Tonnen wird er bis zu 24-mal schwerer als ein Afrikanischer Elefantenbulle. Die Fettschicht ist bis zu 40 Zentimetern dick und schützt ihn vor der Kälte des Wassers. Sein Herz ist so groß wie ein kleines Auto. Blauwale können bis zu achtzig Jahre alt werden.
Obwohl der Blauwal im Meer lebt, ist er kein Fisch, sondern ein Säugetier. Wale bringen ihre Jungen lebend zur Welt. Der Nachwuchs ist bei der Geburt ungefähr sieben Meter lang und wiegt 2500 Kilogramm, so viel wie ein Kleinbus. Die Jungen werden von ihren Müttern gesäugt.
Der Wal hat Lungen und kommt zum Atmen an die Wasseroberfläche. Durch das Blasloch, das Nasenloch des Wales, atmet er ein und aus. Beim Ausatmen entsteht eine hohe Fontäne. Unter Wasser wird das Blasloch verschlossen. Blauwale ernähren sich von winzigen Krebsen, dem Krill. Sie sieben mit ihren Barten den Krill wie mit einem Sieb aus dem Meereswasser.

1 In diesem Text findet ihr unterschiedliche Sachinformationen zum Blauwal. Schreibt sie als Steckbrief auf. Arbeitet zu zweit.

a. Alter: …
b. Größe: Körperlänge bis zu …
c. Gewicht: …
d. Nachwuchs: …
e. Atmung: …
f. Ernährung: …

2 Schreibt einen Steckbrief zu einer anderen Walart.

● Steckbrief anlegen
► Lern-Werkstatt: Seite 73
► Sprach-Werkstatt: Seite 106

Gefahren für Wale

Wale gehören zu den bedrohten Tieren unserer Erde. Die meisten Walarten ernähren sich von Fischen oder Krebsen. Durch die Wasserverschmutzung und Überfischung der Meere gibt es immer weniger Fische und Krebse. Die Wale drohen deshalb zu verhungern. Wale verenden oft in Fischernetzen. Sie können am Müll ersticken, den sie unbeabsichtigt schlucken.
Einige Tiere werden durch Schiffsschrauben verletzt. Eine große Bedrohung geht auch vom Walfang aus. Es gibt Vereinbarungen, die den Wal unter Schutz stellen und seinen Fang verbieten. Daran halten sich jedoch nicht alle Länder. Viele Kinder setzen sich aktiv für den Schutz der Wale ein.

1 Welchen Gefahren sind Wale ausgesetzt?
Schreibe sie in Stichwörtern auf: *Wasserverschmutzung, …*

Warum sind Wale gefährdet?

Die Wale finden keine Nahrung mehr.	Öl und giftiges Abwasser verschmutzen die Meere.
Der Lebensraum der Wale wird zerstört.	Sie verfangen sich in Netzen und können sich nicht daraus befreien.
Die Wale müssen ersticken.	Die Meere werden leergefischt.
Der Bestand der Wale verringert sich stark.	Sie werden von Walfängern gefangen und getötet.

2 Verbinde den ersten Satz jeweils mit dem passenden Begründungssatz mit **weil**.
Die Wale finden keine Nahrung mehr, weil die Meere leergefischt werden.

3 Schreibe weitere Begründungssätze für die Bedrohung der Wale.

- In Texten Informationen finden
- Stichwörter nennen
- Mit Bindewörtern arbeiten

▶ Ich und die anderen: Seite 11
▶ Förderheft: Seite 14
▶ Forderkartei: Nr. 22, 24

Übungskiste

Gewässer verschmutzen beschützen Ozean Lebensraum
Müll zerstören giftig sauber beobachten Teich See
Meer Nahrung ersticken Verunreinigung Umweltschutz

(1) Suche die Substantive in der Wörterliste.
Schreibe sie mit Artikel und Seitenzahl auf: *das Gewässer, Seite 140, …*

(2) Bilde mit jedem Verb einen Satz. Unterstreiche die Verbformen.
Öl und Umweltgifte verschmutzen die Meere.

(3) In einigen Verben steckt ein Substantiv. Schreibe so:
beschützen – der Schutz, …

Abschreibtext

Tiere im Wasser
Viele Lebewesen unserer Erde leben im Wasser.
Manche leben im Süßwasser,
andere benötigen das Salzwasser.
Von gigantischen Walen bis hin zu kleinen Krebsen findet
man unterschiedliche Lebewesen in den großen Ozeanen.
Aber auch in viel kleineren Gewässern
gibt es eine große Artenvielfalt.
Teiche und Tümpel bieten vielen Tieren einen Lebensraum.
Man kann dort Fische, Molche, Schnecken, Muscheln,
Wasserkäfer und Insektenlarven beobachten.
Um diesen Reichtum an Lebewesen im Wasser zu erhalten,
ist es wichtig, ihren Lebensraum zu schützen.

(4) Schreibe den Text ab.
Unterstreiche alle Wörter, die du interessant findest.

(5) Suche noch weitere Wasserwörter.

- Arbeit mit der Wörterliste
- Mit Verben Sätze bilden
- Methodisch sinnvoll und korrekt abschreiben

▶ Lern-Werkstatt: Seite 74
▶ Sprach-Werkstatt: Seite 117
▶ Wörterliste: Seite 136–151
▶ Arbeitsheft: Seite 11
▶ Förderheft: Seite 15
▶ Forderkartei: Nr. 27, 28

Ideenkiste

Unterwasserwelt

Bastelt euch eine
eigene Unterwasserwelt.
Überlegt vorher,
ob ihr allein, zu zweit
oder in einer
kleinen Gruppe
arbeiten wollt.

Ein Karton wird mit Farbe angemalt.
Dann werden die Fische, die Wassertiere und Pflanzen
aus bunter Pappe gebastelt oder die Fotos ausgeschnitten.
Die Tiere und Pflanzen können in den Karton geklebt
oder mit Fäden an der Oberseite des Kartons befestigt werden.
Dekoriert den Karton mit Sand, Steinen, Muscheln,
Schneckenhäusern, kleinen Schätzen und Fischernetzen.
Bastelt nun noch einen Taucher.
Schneidet aus einem Foto euer eigenes Gesicht aus
und klebt es auf den Taucher.
Sucht für den Taucher einen Platz
in der Unterwasserwelt.

Stell dir vor,
du bist der Taucher oder ein Meeresforscher.
Erzähle einem Kind, was du in deiner Unterwasserwelt siehst.
Denke dir ein Abenteuer über etwas aus, das du entdeckst,
oder darüber, was du mit einem Unterwassertier erlebst.
Schreibe dein eigenes Unterwasserabenteuer in dein Heft.

Die Welt um uns herum

Kinder in der Schule

1 Sprecht über diese Fotos.

2 Lies die Beschreibungen auf Seite 29.
Welches Bild passt zu welchem Text?

3 Begründe deine Zuordnung mit geeigneten Stellen aus dem Text.

A

Satinder lebt in Indien in einem kleinen Dorf. Er zieht am Morgen seine Schuluniform an, nimmt seine Schulsachen und geht in die Schule. Die Schule beginnt jeden Morgen mit dem Morgenappell. Dabei treffen sich alle Kinder mit dem Schulleiter, singen ein Lied und bekommen etwas aus der Zeitung vorgelesen. In Satinders Klasse sind vierzig Kinder. Die Schuluniform und die Schulsachen kosten viel Geld, und oft bezahlen die Eltern sie nur für ihre Söhne. Der Lehrer liest den Kindern viel vor und erklärt.
Fast den ganzen Tag hören die Kinder zu.

B

Luan lebt in Burkina Faso, kein Schulgebäude, Unterricht im Schatten, Hefte teuer, auf Tafeln schreiben, Schulbeginn um 7.30 Uhr, zwei Stunden Fußweg zur Schule

C

Emily und Jack, England, Schuluniform, Schule von 9.00 bis 15.30 Uhr, Mittagspause, Spielzeiten, Unterricht mit Comupter, Beamer, Experimente, Arbeit in Gruppen, keine Hausaufgaben

D

Olivia, Australien, Schule 800 km entfernt, Unterricht über das Internet, Übungshefte und Hausaufgaben alle zehn Tage mit Viehtransporter zur Lehrerin, einmal im Jahr Treffen in der Schule, Lehrerin einmal im Jahr zu Besuch bei Olivia

4 Suche dir ein Foto aus und schreibe dazu einen eigenen Text.
Du kannst ihn ähnlich wie Text **A** schreiben.

5 Vergleicht die Schulsituation dieser Kinder mit eurer eigenen.
Was ist anders? Was ist wahrscheinlich ähnlich?

6 Findet etwas über Schulen in anderen Ländern heraus, zum Beispiel in den Partnerstädten eurer Stadt.
Ihr könnt auch im Internet nach Informationen suchen, zum Beispiel bei *www.robinson-im-netz.de* unter der Rubrik Info/Land & Leute.

7 Stellt euch die Ergebnisse in einer Wandzeitung gegenseitig vor.

Auf der Kakaoplantage

Das ist Evrad. Er ist acht Jahre alt und lebt in der Elfenbeinküste, einem Land in Afrika. Er besucht keine Schule. Evrads Familie besitzt eine Kakaofarm. Die Eltern verkaufen ihre Kakaobohnen an Händler, die sie auch nach Deutschland weiterverkaufen. Hier werden damit leckere Dinge aus Schokolade hergestellt.

So sehen Evrads Tage aus:

- 5.00 Uhr, aufstehen, Banane zum Frühstück,
- langer, anstrengender Fußweg zur Kakaoplantage,
- mit giftigen Chemikalien Schädlinge bekämpfen,
- mit der Machete Kakaoschoten abschlagen,
- Schoten mit der Machete aufschlagen,
- Kakaobohnen herauslösen,
- Kakaobohnen zum Trocknen auslegen,
- ein paar Bananen zum Mittag essen,
- trockene Kakaobohnen in Säcke füllen,
- Säcke zum Sammelplatz schleppen,
- Säcke verkaufen, wenig Geld bekommen,
- 17.00 Uhr, Heimweg.

(1) Erzählt euch den Tagesablauf von Evrad. Die Bilder und Stichwörter helfen euch dabei.

(2) Täglich gibt es in Evrads Leben Situationen, die gefährlich und für seine Gesundheit schädlich sind. Schreibt sie so auf:
Evrad frühstückt nur eine Banane. Er …

(3) Vergleiche Evrads Tagesablauf mit deinem eigenen. Schreibe so auf:

	ich	*Evrad*
morgens	*Müsli zum Frühstück*	*…*
vormittags	*Schule*	*…*

(4) Sprecht über eure Ergebnisse.

Eines Tages kommt Evrads Vater nach Hause und berichtet, dass sich die Kakaobauern des Dorfes einer Kooperative anschließen wollen. Diese Gemeinschaft will die Kakaobohnen an den *Fairen Handel* verkaufen. Die Kakaobauern müssen dann auf Chemikalien verzichten und die Kinder dürfen nicht mehr auf der Plantage arbeiten.
Aber die Bauern bekommen mehr Geld für den Kakao.
Davon können sie gut leben. Die ganze Familie freut sich und hofft, dass jetzt alles besser wird.

5 Welche Hoffnungen und Wünsche für die Zukunft hat die Familie wohl? Überlegt in Gruppen.
Evrad: Ich werde endlich ... *Vater: Ich werde ...* *Mutter: Wir ...*

Mit der Zeitform **Futur** sagen wir,
dass etwas in der **Zukunft** passiert.
Das Futur wird mit **werden** gebildet.
*Bald **wird** Evrad hoffentlich eine Schule **besuchen**.*

6 Schreibe vier Wünsche von Evrads Eltern in der Zeitform Futur.
Beginne die Sätze mit diesen Wörtern:
Hoffentlich ... *Bestimmt ...* *Wahrscheinlich ...* *Vielleicht ...*

7 Was wird sich für Evrads Familie auf jeden Fall ändern?
Schreibe einige Sätze in der Zeitform Futur darüber.

8 Evrad weiß, was in Europa aus den Kakaobohnen gemacht wird.
Er hat aber noch nie Schokolade gegessen.
Welche Produkte aus Kakao oder mit Kakao kennt ihr?
Legt gemeinsam eine Liste an.

Einkaufen

Einkaufen mit dem Fairtrade-Siegel
Nele und ihre Eltern haben beim Einkaufen das Zeichen für *Fairen Handel* auf einer Tafel Schokolade entdeckt. Sie stellen fest, dass diese Schokolade etwas teurer ist als die andere.

1. Überlegt, warum die fair gehandelten Waren teurer sind.

2. Sammelt Informationen über *Fairen Handel*, zum Beispiel im Internet.

3. Sucht beim Einkaufen nach dem Siegel für *Fairen Handel*. Besprecht, wo und bei welchen Waren ihr das Siegel gefunden habt.

FAIRTRADE

4. Findet heraus, wo die fair gehandelten Waren herkommen.

Einkaufen früher
Früher verkaufte der Kaufmann fast nur solche Lebensmittel, die zur Jahreszeit passten und in der Umgebung wuchsen, zum Beispiel Äpfel und Birnen im Herbst und Erdbeeren im Sommer. Lebensmittel, die aus weit entfernten Ländern kamen, wie Ananas, Bananen, Mangos, Kaffee und Kakao, gab es entweder gar nicht oder nur in wenigen Geschäften. Neles Urgroßmutter hat deshalb nie eine Mango gegessen.

Einkaufen heute
Heute verkaufen viele Läden das ganze Jahr über fast alle Obstsorten. Nele mag Erdbeeren. Ihre Mutter besorgt sie auch im Winter im Supermarkt. Sie kommen aus Spanien oder Marokko. Ananas, Mangos und Bananen gibt es das ganze Jahr.

● Informationen sammeln

► Sprach-Werkstatt: Seite 111

► Forderkartei: Nr. 31, 32

(5) Sprecht über die beiden Texte. Überlegt gemeinsam:
- Wie kamen früher Lebensmittel aus entfernten Ländern hierher?
- Wie werden sie heute transportiert?
- Warum verderben sie nicht beim Transport?

(6) Recherchiert gemeinsam, woher die Lebensmittel kommen. Tragt eure Ergebnisse in eine Tabelle ein.

	Frühling	Sommer	Herbst	Winter
Erdbeeren	...	...	...	...
Kartoffeln	...	...	...	...
Bananen	...	...	...	...
...	...	...	...	...

(7) Seht auf einem Globus nach, wo die Herkunftsländer liegen.

(8) Die Texte *Einkaufen früher* und *Einkaufen heute* erzählen von der Vergangenheit und von der Gegenwart. Schreibe die beiden Texte ab. Unterstreiche dann die Verbformen im Präteritum und im Präsens.

Das **Perfekt** und das **Präteritum** benutzen wir meistens dann, wenn wir über etwas Vergangenes sprechen oder schreiben:
Neles Urgroßmutter hat nie Mangos gegessen.
Frau Bruns kaufte Äpfel bei Bauer Müller.
Das **Präsens** benutzen wir, wenn wir etwas über die Gegenwart aussagen:
Neles Mutter kauft im Winter Erdbeeren.

(9) Trage die Verben aus den Texten in der gebeugten Form mit **er** so in eine Tabelle ein:

Präsens	Präteritum	Perfekt	Futur
er verkauft	er verkaufte	er hat verkauft	er wird verkaufen
er passt	er ...	...	...
er wächst	...	...	...

- In Texten Informationen finden
- Tabellen anlegen
- In verschiedenen Zeitformen schreiben

▶ Sprach-Werkstatt: Seite 110
▶ Arbeitsheft: Seite 39
▶ Förderheft: Seite 16–18
▶ Forderkartei: Nr. 29, 30

Übungskiste

fair Schuluniform arbeiten Internet einpacken
endlich Kakaobohnen anziehen Lohn gesund
Baumwolle bezahlen Teppiche Handel Kaffee
kosten lecker vielleicht düngen anstrengend Rubrik

(1) Sortiere die Wörter nach der Anzahl der Silben.
Wörter mit einer Silbe: fair *Wörter mit zwei Silben: ge-sund, …*
Wörter mit drei Silben: ar-bei-ten, …

(2) Schreibe jedes Verb in der gebeugten Form mit **er** im Präteritum und im Futur. Schreibe so: *arbeiten – er arbeitete, er wird arbeiten, …*

Abschreibtext

Fairer Handel
Bei der Produktion von Kakao, Bananen, Baumwolle, Kaffee, Sportbällen, Teppichen und anderen Dingen verdienen die Arbeiter in einigen Ländern oft nicht genug Geld, um die Familien ernähren zu können. Deshalb müssen die Kinder mitarbeiten und können keine Schulen besuchen. Der *Faire Handel* sorgt dafür, dass mehr Lohn gezahlt wird und dass die Kinder nicht mehr arbeiten müssen.
Außerdem sollen keine Pflanzenschutzmittel mehr versprüht werden. Die Käufer von fair gehandelten Waren zahlen deswegen etwas mehr Geld. So tragen sie dazu bei, dass es vielen Kindern besser geht.

(3) Schreibe den Text in deutlicher Schrift ab.

(4) Unterstreiche schwierige Wörter und merke dir die Schreibweise.

(5) Was sind die Vorteile, was die Nachteile des *Fairen Handels*? Schreibe einige Beispiele aus dem Text auf.

- Wörter nach Silbenzahl ordnen
- Zeitformen: Präteritum, Futur
- Methodisch sinnvoll und korrekt abschreiben

► Sprach-Werkstatt: Seite 110
► Arbeitsheft: Seite 11, 39
► Förderheft: Seite19
► Forderkartei: Nr. 29–32, 35, 36

Ideenkiste

Rezepte
Diese Rezepte reichen für vier Kinder.

Schokoladenfondue
Ihr braucht: verschiedene Früchte, eine Tafel Schokolade (am besten fair gehandelte), eine Porzellanschale, einen Topf mit etwas Wasser, Holzspieße.
Zubereitung: Obst waschen, schälen und klein schneiden, Schokolade in die Porzellanschale bröckeln, im Wasserbad erhitzen, Obst in die geschmolzene Schokolade tunken.

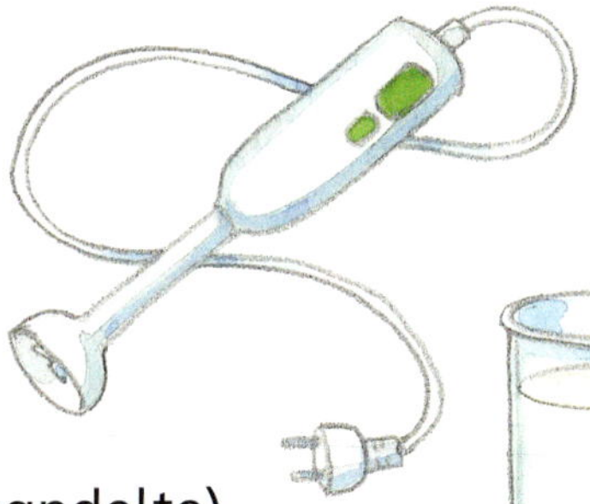

Bananenmilch
Ihr braucht: 4 Bananen (am besten fair gehandelte), einen halben Liter (500 ml) Milch oder Buttermilch, einen Pürierstab, ein schmales, hohes Gefäß.
Zubereitung: Bananen schälen, in kleine Stücke brechen und in das Gefäß geben, die Milch oder Buttermilch darüber gießen, alles mit dem Pürierstab so lange pürieren, bis sich die Bananenstückchen mit der Milch verbunden haben.

Ihr könnt die Bananenmilch und das Schokoladenfondue auch in Gruppen herstellen.

Sucht weitere Schokoladen- und Bananenrezepte und legt eine Rezeptsammlung an.

- Anweisungen in Texten verstehen und danach handeln
- Schreibprodukte geordnet festhalten

Das Fahrrad und andere Erfindungen

①

②

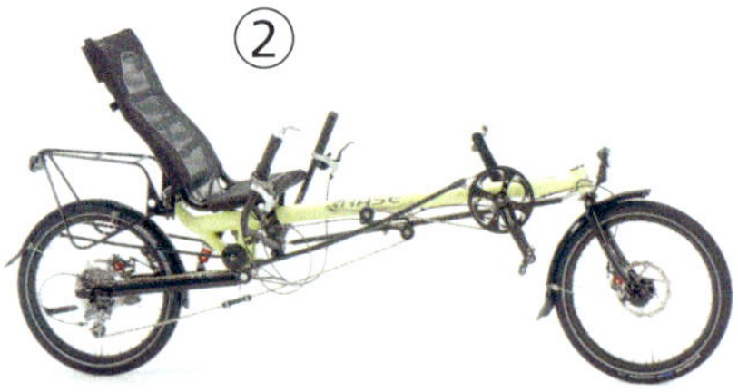

③

④

Einrad | BMX-Rad | Liegerad | Mountainbike | Tourenrad

1 Betrachte die Fotos. Wie heißen die Räder? Welche Unterschiede erkennst du?

2 Nur zwei von diesen Fahrrädern sind verkehrssicher. Welche sind es? Was fehlt bei den anderen?

3 Wenn du dir ein Fahrrad aussuchen könntest, wie würde dein Wunschrad aussehen? Beschreibe es.

⑤

Fahrradwörter

Gepäckträger Fahrradständer Handbremse Luftpumpe
Kettenschutz Fahrradschloss Hinterradbremse
Vorderradbremse Frontscheinwerfer
Speichenreflektor Pedalrückstrahler Schutzblech

(1) Aus welchen Substantiven bestehen diese Fachwörter? Schreibe so in dein Heft: *der Gepäckträger: das Gepäck – der Träger, ...*

(2) Erkläre einige Fachwörter, die du kennst, näher.
Handbremse: Die Handbremse wird mit der Hand betätigt.
Ihr Griff ist am Lenker befestigt. ...

Mit **zusammengesetzten Substantiven** kann man etwas genauer bezeichnen: *die Bremse – die Handbremse.*

Wortfamilie fahren

(3) Mit dem Wortbaustein **fahr** lassen sich viele Wörter bilden. Setze die Wörter zusammen und schreibe sie in dein Heft.

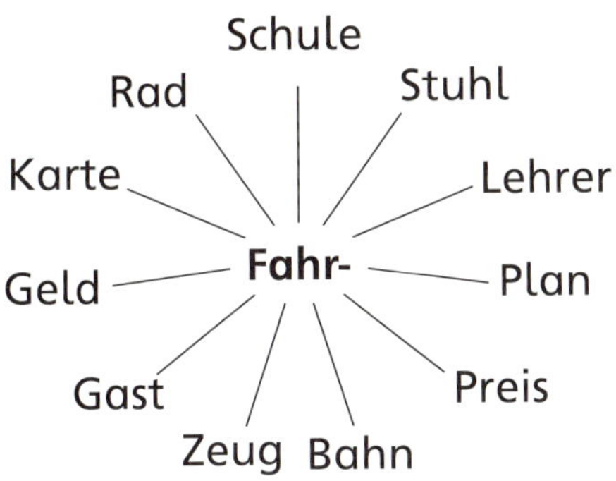

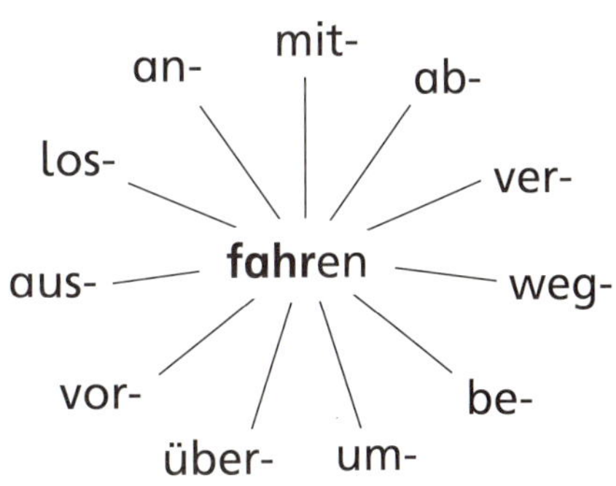

Wörter mit einem gemeinsamen **Wortstamm** gehören zur gleichen **Wortfamilie**. Die Wörter mit dem **Wortstamm** *FAHR* gehören zur Wortfamilie *fahren*.

- Fachwörter verwenden und erklären
- Zusammengesetzte Nomen verwenden
- Mit Wortfamilien arbeiten

▶ Tiere im Wasser: Seite 22

▶ Arbeitsheft: Seite 13, 38
▶ Förderheft: Seite 20
▶ Forderkartei: Nr. 37, 38

Fahrrad fahren früher …

1817
Karl von Drais erfindet die erste Laufmaschine. Alle Teile sind aus Holz. In der Mitte ist ein kleines Kissen zum Sitzen angebracht. Das Gefährt ist viermal schneller als ein Fußgänger.

1870
Das Fahrrad bekommt eine Tretkurbel am Vorderrad. Um die Geschwindigkeit zu steigern, ist das Vorderrad sehr groß, das Hinterrad klein. Der Fahrer steigt über das Hinterrad auf.

1879
Harry Lawson baut das erste Fahrrad mit Pedalen und Kettenübertragung. Die Räder sind noch aus Holz. Bald werden sie durch Gummireifen ersetzt.

(1) Welcher Text gehört wohl zu welchem Bild?

(2) Stell dir vor, du benutzt diese Fahrräder. Erzähle darüber.

(3) Suche dir eine dieser Schreibaufgaben aus:

- Schreibe einen Text zur Geschichte des Fahrrades.
  So kannst du beginnen: *Im Jahr 1817 erfand …*
- Du findest im Schuppen ein Hochrad von 1870.
  Schreibe auf, wie du losfährst und was du so erlebst.

… und heute

(1) Sprecht über die Bilder und den Text in der Sprechblase.

(2) Was spricht für das Fahrrad, was für das Auto als Fortbewegungsmittel?
Sammelt unterschiedliche Argumente. Notiert Stichwörter dazu.
Fahrrad: fit durch Bewegung, …
Auto: bei Regen nicht nass, …

(3) Organisiert in der Klasse ein Streitgespräch über die Vorteile und die Nachteile von Auto und Fahrrad.
Benutzt eure Stichwörter beim Argumentieren.

(4) Die Zuhörer entscheiden:
Welche Argumente waren überzeugend?
Wer konnte seine Argumente besonders wirkungsvoll vortragen?

- Argumente sammeln
- Streitgespräche führen
- Feedback geben

Natur ...

In der Nacht geht die Katze auf die Jagd. Wenn ein Lichtstrahl auf ihre Augen trifft, leuchten sie in der Dunkelheit. Auf der Rückseite des Katzenauges gibt es eine Schicht, die das Licht reflektiert.

Lianen sind Urwaldpflanzen, die auf Bäumen wachsen. Sie hängen wie Seile herab und sind sehr stabil. Wenn eine Liane einen Riss bekommt, heilt sie ihn selbst. Wenige Minuten nach dem Riss dringt eine Flüssigkeit in den Spalt ein und dichtet ihn wieder ab. Bald ist die Liane wieder fest.

(1) Sieh dir die Bilder auf beiden Seiten an und lies die Texte.

(2) Beantworte die folgenden Fragen:

a. Was passiert, wenn die Rückstrahler eines Fahrrades angeleuchtet werden?
b. Warum wird die Liane wieder fest?
c. Was bewirkt der Schaum, den die Forscher für Reifen entwickelt haben?
d. Was passiert, wenn die Augen der Katze in der Dunkelheit angestrahlt werden?

(3) Überlegt gemeinsam, was zusammengehört, und begründet es.

- Fragen aus einem Text beantworten
- Gemeinsam Sachverhalte klären

... und Technik

Nachts fährt ein Radfahrer auf der Straße. Die Scheinwerfer eines Autos leuchten das Fahrrad an.
Die Rückstrahler des Fahrrades leuchten zurück. Sie sind so gebaut, dass sie das Licht reflektieren.

Forscher haben einen Schaum aus Kunststoff entwickelt, der im Inneren von Autoreifen aufgetragen werden kann. Wenn der Reifen von einem Nagel durchstochen wird, quillt der Schaum in das Loch und verschließt es. Es wäre schön, wenn es das auch für Fahrräder gäbe.

(4) Schreibe zu den beiden Fotos unten einen eigenen Erklärungstext. Die Stichwörter helfen dir.

Klette

Klettverschluss

hängen bleiben | kleine Haken | kleine Schlingen | Pflanze

(5) Der Begriff Bionik setzt sich zusammen aus den Begriffen *Biologie* und *Technik*. Er bedeutet: lernen von der Natur für eine neue Technologie. Sucht im Internet Bionik-Erfindungen unter *www.kindernetz.de* oder *www.naturdetektive.de.*

Werbung ausdenken und gestalten

Wer etwas verkaufen will, muss sein Angebot bekannt machen. Dabei kommt es darauf an, sein Produkt so darzustellen, dass alle es haben wollen. Nachteile werden in der Werbung nicht genannt, denn sonst würde vielleicht niemand das Produkt kaufen.

(1) Betrachtet zuerst die Bilder und lest die Texte. Sprecht darüber.

(2) Stellt euch vor, ihr hättet eine Fabrik für Fahrräder.
Lasst euch Werbe-Ideen einfallen.
Folgende Vorschläge können euch helfen:

Werbe-Idee Nr. 1
Marelli, das ganz besondere Fahrrad
So kann das Fahrrad sein:
schnell, preisgünstig, toll, stabil, ...

- Welche Adjektive fallen euch für das Marelli noch ein?
- Schreibt Werbesprüche oder einen kleinen Werbetext.

Ihr könnt die Adjektive auch noch steigern *(stabil, stabiler, am stabilsten)* oder mit ihnen vergleichen:
so schnell wie ... schneller als ...

Werbe-Idee Nr. 2
Marelli, das Rad mit der tollen Technik
Das Marelli hat eine besonders *starke* Bremse, eine äußerst *präzise* Gangschaltung, eine besonders *bequeme* Federung, *formschöne* Schutzbleche, ...

- Erfindet Werbebilder oder Texte, in denen alle Vorteile der Marelli-Technik gezeigt werden. Lasst euch auch etwas Witziges einfallen!

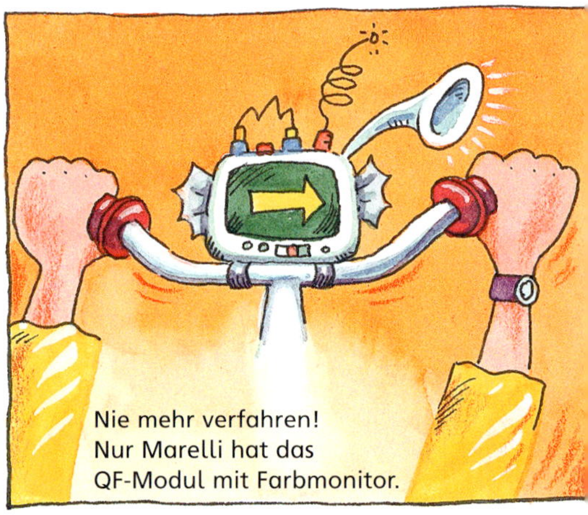

- Werbe-Ideen entwickeln
- Mit Sprache kreativ umgehen

Werbe-Idee Nr. 3

Mit diesem Rad kommst du überall hin

Mit dem Marelli kommst du an die tollsten Plätze: *an einen Palmenstrand, durch wilde Schluchten, durch das ewige Eis, in eine Traumwelt, ...*

- Schreibt Werbesprüche auf oder malt Plakate, wie die Menschen mit dem Marelli in eine andere Welt gelangen. Vielleicht fallen euch auch Orte ein, wo das Radfahren komisch wirkt.

Werbe-Idee Nr. 4

Ich fahre Marelli, weil ...

Menschen werden gefragt, warum sie Marelli fahren. Das könnten bekannte Personen oder Stars sein. Sie antworten meistens mit einem einfachen Satz: *Ich fahre Marelli, weil ...*

- Schneidet aus Zeitschriften Fotos von Menschen aus. Erfindet für jeden einen solchen Spruch.
- Fallen euch auch witzige Begründungen ein?

(3) Bildet Gruppen. Entwerft eigene Fahrräder und gestaltet Werbeplakate dafür.

Übungskiste

Reifen Lenker Sattel Gepäckträger Klingel bremsen
Fahrradhelm tragen schnell Gangschaltung lenken
verkehrssicher Vorderrad Pedal Kettenschutz
stabil Straßenverkehr leuchten Reflektor

(1) Sortiere die Wörter nach der Anzahl der Silben.
Wörter mit zwei Silben: Rei-fen, …
Wörter mit drei Silben: Fahr-rad-helm, …

(2) Alles Unsinn! Schreibe die Sätze richtig auf.

Ich sitze auf dem Kettenschutz meines Fahrrades.
Meinen Pedalreflektor trage ich auf dem Kopf.
Die Tasche befestige ich auf dem Schutzblech.
Vorne am Fahrrad ist das Hinterrad befestigt.
Ich lenke mein Fahrrad mit dem Gepäckträger.

Abschreibtext

Nur mit Fahrradhelm!
Lena und Juri haben einen Ausflug mit dem Fahrrad geplant. Als sie starten wollen, sagt Juri: „Lena, wo hast du denn deinen Fahrradhelm?" Lena antwortet: „Den wollte ich heute nicht mitnehmen, wir fahren doch nur ein kleines Stück!" Aber damit ist Juri nicht zufrieden. Er erklärt: „Bei einem Sturz kann man sich schwer am Kopf verletzen. Mit Helm ist es einfach sicherer."
Lena lässt sich überzeugen und holt ihren Helm. Dann radeln sie los. Unterwegs sehen sie viele Leute, die keinen Helm tragen. Lena sagt zu Juri: „Ob die Erwachsenen stabilere Köpfe als die Kinder haben?"

(4) Schreibe den Text ab. Unterstreiche die wörtliche Rede.

- Wörter nach Silbenzahl ordnen
- Methodisch sinnvoll und korrekt abschreiben

► Arbeitsheft: Seite 11
► Förderheft: Seite 23
► Forderkartei: Nr. 43, 44

Ideenkiste

Das Fantasie-Fahrrad

Nun weißt du schon so viel über Fahrräder, dass du dir bestimmt ein Fantasie-Fahrrad für dich ausdenken kannst.

Überlege, was dein Fantasie-Fahrrad alles kann:
Vielleicht macht es Musik beim Fahren?
Oder lenkt es den Regen zur Seite ab?
Könnte es beim Fahren nebenbei deine Hausaufgaben erledigen?
Notiere, was dir wichtig ist.

Male dein Fantasie-Fahrrad.
Du kannst es auch aus Bildteilen zusammenkleben.

Beschreibe, was dieses Wunderding alles kann
und wie es funktioniert.
Wie wird es gestartet?
Welchen Hebel muss man ziehen,
um eine bestimmte Vorrichtung in Gang zu setzen?

Gib deinem Fantasie-Fahrrad einen Namen.
Der Name soll gut dazu passen.

Superschleuder

Rollo-Tollo

Klapperschnecke

Bike

Feuer

(1) Erzählt zu den Bildern.
- Was habt ihr schon einmal mit Feuer erlebt?
- Wie habt ihr euch dabei gefühlt?
- War das ein schönes Erlebnis oder war es gefährlich?

(2) Schreibe ein Erlebnis mit Feuer auf.
Du kannst auch ein Bild dazu malen.

- Eigene Gesprächsbeiträge bringen
- Texte nach Anregungen schreiben

Feuer-Wörter

(1) Lest euch die Geschichte gegenseitig vor.
Setzt dabei die fehlenden Wörter ein.

Das Streichholz
Erik wird heute 10 Jahre alt.
Er möchte seine Geburtstagskerze selbst ? .
Wenn sich ein Streichholz ? ,
zischt es immer so laut. Dann erschrickt Erik.
Er hat Angst, dass er das ? Streichholz fallen lässt.
Sein Vater sagt: „Das müssen wir gemeinsam üben."
Sie stellen die Kerze auf ein großes Blech.
So kann nichts ? .
Dann holt Erik noch eine Schüssel mit Wasser.
Damit können sie ? .
Nun ? Erik das erste Streichholz an.
Er reibt das Hölzchen an der Schachtel,
immer vom Körper weg. Sofort zischt die Flamme los.
Erik lässt das ? fallen.
Aber weil sie das Blech haben, passiert nichts.
Drei Hölzer lässt er fallen,
aber das vierte behält er in der Hand.
Vorsichtig hält er es an den ?
und die ? lodert auf. Erik ist sehr stolz
auf seine selbst ? Geburtstagskerze.

entzündet
brennende
anzünden
zündet
Streichholz
löschen
Kerzendocht
Flamme
angezündete
anbrennen

(2) Schreibe die Geschichte mit den Wörtern ab.

(3) Ordnet die folgenden Wörter in drei Gruppen:
Wörter mit den Wortbausteinen **FEUER**, **BRENN** und **LÖSCH**.

verbrennen Löschfahrzeug Feuerwehr Feuerlöscher
Brennmaterial abbrennen Feuerwerk Lagerfeuer
verlöschen anbrennen Löschwasser anfeuern Brennofen
auslöschen abfeuern Brennspiritus Löschschaum

Symbole für den Notfall

1 Sucht in eurer Schule nach Schildern mit Symbolen für den Notfall. Zeichnet ein Symbol auf ein Blatt.

2 Schreibt auf, wo ihr das Symbol gefunden habt. Notiert dann Vermutungen, was das Symbol bedeuten könnte.

3 Stellt eure gezeichneten Symbole den anderen vor und sprecht über eure Vermutungen.

4 Zeichne die folgenden Symbole untereinander in dein Heft. Schreibe dann die richtige Bedeutung dahinter. Begründe deine Auswahl mit einem weiteren Satz.

①

②

③

④

⑤

⑥

Nach rechts geht es zum Notausgang.

Hier ist ein Feuerlöschschlauch angeschlossen.

Notausgang für Rollstuhlfahrer nach rechts.

Nach links gibt es einen Feuerlöscher.

Hier ist ein Notfall-Telefon.

Hier ist ein Feuermelder.

5 Überlegt gemeinsam, warum manche Symbolschilder grün und andere rot sind.

6 Stellt Überlegungen zu folgenden Fragen an:
- Warum sind Symbole oft besser als schriftliche Hinweise?
- Welchen Nachteil können Symbole haben?
- Für welche Menschen sind Symbole, aber genauso auch schriftliche Hinweise ungeeignet?

7 Zeichne einen Plan von einer Etage deines Schulgebäudes. Setze in den Plan die Symbole an die richtigen Stellen.

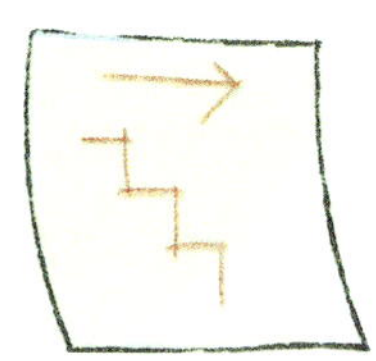

► Die Welt um uns herum: Seite 32

Probealarm in der Schule

Die Alarmsirene ertönt.
Alle Kinder stellen sich an der Klassentür auf.
Die Lehrerin schließt die Fenster.
Die Lehrerin nimmt das Klassenbuch mit.
Alle Kinder gehen zügig über den Fluchtweg nach draußen zum Sammelpunkt. Die Kinder rennen nicht. Die Schulsachen und die Jacken bleiben zurück. Alle Klassen stellen sich am Sammelpunkt auf. Die Lehrerin kontrolliert mit dem Klassenbuch, ob alle Kinder da sind und meldet die Vollzähligkeit der Schulleitung.

1 So kann ein Probealarm in der Schule aussehen.
Schreibe über den Probealarm.
Wähle einen Schreibvorschlag aus:

a. Ich-Geschichte
Halte dich an die Vorlage.
Schreibe in der Ich-Form. Benutze das Präsens.
So kann deine Geschichte beginnen:

Die Alarmsirene ertönt.
Ich stelle mich …

b. Erlebnis-Geschichte
Schreibe, wie du den Probealarm erlebst.
Schreibe in der Ich/Wir-Form. Benutze das Präsens.
Verwende spannende Wörter (auf einmal, plötzlich, jetzt).
So kann deine Geschichte beginnen:

Wir haben Mathematik.
Plötzlich ertönt die Alarmsirene.
Ich erschrecke mich. …

c. Erlebnis-Geschichte in der Vergangenheit
Schreibe, wie du den Probealarm erlebt hast.
Schreibe in der Ich/Wir-Form. Benutze Perfekt oder Präteritum.
Verwende spannende Wörter (auf einmal, plötzlich, danach).
So kann deine Geschichte beginnen:

Wir hatten Mathematik.
Da ertönte plötzlich die Alarmsirene.
Ich habe mich erschreckt. …

2 Lest euch eure Geschichten vor.
Findet heraus, wer welchen Schreibvorschlag genommen hat.

Ich bin das Feuer

1 Mit dem Wortbaustein **Feuer** lassen sich viele Wörter bilden. Setze die Wörter zusammen und schreibe sie in dein He

Lagerfeuer, Feuerholz, …

Lager Groß Kamin Oster Stroh	Feuer	Holz Zeug Wehr Löscher Werk

Wörter mit einem gemeinsamen **Wortstamm** gehören zur gleichen **Wortfamilie.**
Die Wörter mit dem gemeinsamen **Wortstamm** *brenn* gehören zur gleichen **Wortfamilie** *brennen*.

2 Mit dem Wortbaustein **brenn** lassen sich auch viele Wörter bilden. Setze die Wörter zusammen und schreibe sie in dein Heft. Unterstreiche den Wortstamm in allen Wörtern.

Flüssigkeit Nessel Punkt Versuch	Brenn-	Vorgang Zeit Ofen Holz	durch- an- aus- los-	brennen	vor- ab- ver-

3 Auch ein Wortstamm kann sich in einer Wortfamilie ändern. Finde die Wörter die zur Wortfamilie brennen gehören und schreibe sie in dein Heft.

Feuerwehr	Flamme	Sonnenbrand	Wasser
brennbar	Brandmelder	löschen	gebrannt

- Mit Wortbausteinen arbeiten
- Gemeinsamkeiten und Unterschiede von Sprache benennen

▶ Sprach-Werkstatt: Seite 99
▶ Arbeitsheft: Seite 38

Feuer in der Natur – der Vulkan Kilauea

Ein Vulkanforscher erzählt seiner Nichte Lina von seiner abenteuerlichen Reise zum Vulkan Kilauea auf Hawaii.

1 Lest euch die Geschichte gegenseitig vor. Seht euch genau an, wie die Sätze anfangen.

① Ich war im Sommer auf einer Forschungsreise über Vulkane.
② Ich flog dabei zum Vulkan Kilauea auf der Insel Hawaii.
③ Ich hatte mich kaum angeschnallt, da ging es auch schon los.
④ Ich entdeckte in der Ferne schon bald einen roten Schein.
⑤ Ich spürte ein Kribbeln in meinem Bauch.
⑥ Ich sah nun, wie das Leuchten stärker wurde.
⑦ Ich hörte auf einmal die Stimme des Piloten: „Wir befinden uns genau über dem Rand des Kraters."
⑧ Ich drückte meine Nase ans Fenster und sah hinaus.
⑨ Die Lava brodelte unter mir.
⑩ Die glühende Masse schoss hoch in die Luft.
⑪ Wir näherten uns dann dem Meer.
⑫ Ich beobachtete dort unten etwas ganz Erstaunliches.
⑬ Die glühende Lava floss vom Berg direkt in das Meer.
⑭ Alles sah aus wie eine kochende Badewanne.

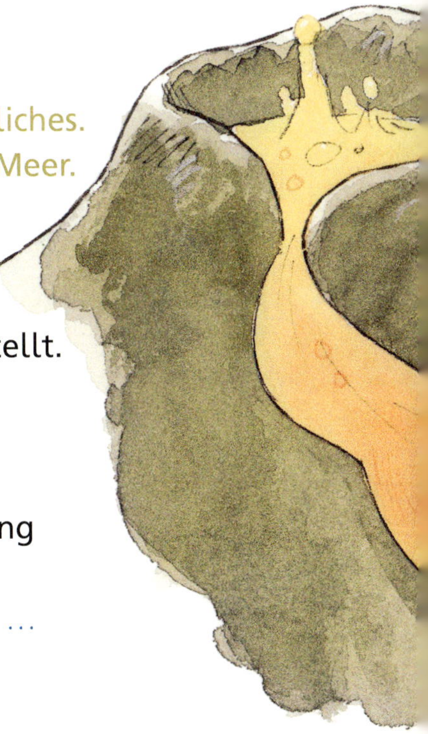

2 Die Geschichte hört sich noch spannender an, wenn ihr die unterstrichenen Teile an den Anfang stellt. Probiert dies beim zweiten Vorlesen einmal aus.

3 Überarbeite die Geschichte. Setze einige unterstrichene Wörter an den Satzanfang und schreibe die Sätze auf:
② Dabei flog ich zum Vulkan Kilauea auf der Insel Hawaii. …

4 Überlege dir für die Sätze 11 – 14 eigene Lösungen und schreibe sie auf.

Übungskiste

anzünden brennen löschen rauchen leuchten anfeuern
Feuer Rauch Brand Glut Hitze Kerze Vulkan Teelicht
heiß feurig Alarm Fluchtweg zügig schnell links rechts
Lagerfeuer Streichholz Feuerwehr gefährlich

1 Ordne die Wörter nach den Wortarten und schreibe sie dann geordnet nach dem Alphabet auf:
Verben: anfeuern, anzünden, …
Substantive: Alarm, Brand, …
Adjektive: heiß, …

2 Schreibe mit den Wörtern aus dem Kasten eine kurze Geschichte zum Feuer.

Abschreibtext

Feueralarm in der Schule
Mitten im Unterricht heult plötzlich die Alarmsirene. Alle Kinder schrecken von ihrer Arbeit hoch. Die Lehrerin fordert sie auf, sich schnell an der Klassentür aufzustellen. Die Lehrerin schließt alle Fenster und nimmt das Klassenbuch mit. Zügig gehen die Kinder über den bekannten Fluchtweg durch das Treppenhaus zum Sammelpunkt nach draußen. Die Schultaschen und Jacken bleiben zurück.
Alle Klassen treffen sich am Sammelpunkt. Die Klassenlehrer melden der Schulleitung, ob alle Kinder vollzählig anwesend sind. Zum Glück war es nur ein Probealarm.

3 Schreibe den Text ab.
Unterstreiche dann die Wörter, die du besonders schwierig findest. Übe sie mit passenden Übungen von Seite 74.

Ideenkiste

Feuer für die Klassenwand

Feuerwerk über der Stadt

Mit weißer und bunter Kreide
und schwarzem Tonzeichenpapier
könnt ihr ein tolles Feuerwerk gestalten.

Ihr braucht eine Schüssel mit Zuckerwasser.
Da hinein legt ihr die weiße und bunte Kreide,
bis sie ganz vollgesogen ist.

Mit dieser Kreide zeichnet ihr nun auf das schwarze Papier:
unten die Häuser und Türme und oben das Feuerwerk.
Dann hängt ihr eure Bilder zu einem Gesamtkunstwerk
nebeneinander auf.

Der Tanz vor dem Lagerfeuer

Ihr braucht Deckfarben und dicke Pinsel.
Zuerst malt ihr ein großes Lagerfeuer
mit roter, gelber und oranger Farbe.
Unten sind schwarze Holzscheite
und oben der tiefblaue Nachthimmel.

Wenn alles trocken ist, malt ihr vor das Feuer
mit dicker schwarzer Farbe die tanzenden Figuren.
Achtet hierbei besonders auf die Bewegungen der Arme und Beine.

Medien – lesen, hören, sehen

1 Diese Dinge haben die Kinder der Klasse 4a mitgebracht.
Sprecht darüber.

2 Welche anderen Medien kennt ihr noch?
Sammelt gemeinsam und schreibt sie an die Tafel.

▶ Förderheft: Seite 28
▶ Forderkartei: Nr. 53, 54

Medien vorstellen

1 Suche dir ein Buch, einen Comic, eine DVD, eine Fernsehsendung oder eine Website aus, die du gern vorstellen möchtest.

2 Bereite dich darauf vor: Was hast du ausgesucht? Worum geht es darin? Warum hat es dir so gut gefallen?

„Pünktchen und Anton" ist mein Lieblingsbuch. Pünktchen ist ein Mädchen aus einer reichen Familie. Aber keiner hat Zeit für sie. Anton muss auf der Straße betteln. Die beiden lernen sich kennen. Es wird dann sehr aufregend und auch ein bisschen traurig. Aber das macht gar nichts. Es ist ein Kinderbuch von meiner Mutter. Erich Kästner hat es 1930 geschrieben.

Ich lese am liebsten Comics über die Micky Maus. Die Bilder erzählen schon fast alles. Da muss ich nicht so viel lesen.

Auf der Website www.blinde-kuh.de finde ich viele Informationen über tolle Sachen.

Ich sehe gern DVDs zusammen mit Freunden. Zuletzt haben wir „Harry Potter" gesehen. Danach sprechen wir immer noch lange über den Film. Ich kann die DVD auch verleihen.

3 Was liest du, was hörst du, was siehst du gern?

Klassenzeitung

Zeitung zum Abschied aus der Klasse 4a
Die Klasse 4a hat heute die Besprechung für ihe Klassenzeitung. Die Kinder überlegen, worüber sie berichten wollen. Zuerst schreiben sie ihre Vorschläge auf Karten. Anschließend werden die Karten mithilfe einer Ideenlandkarte (Mindmap) sortiert.

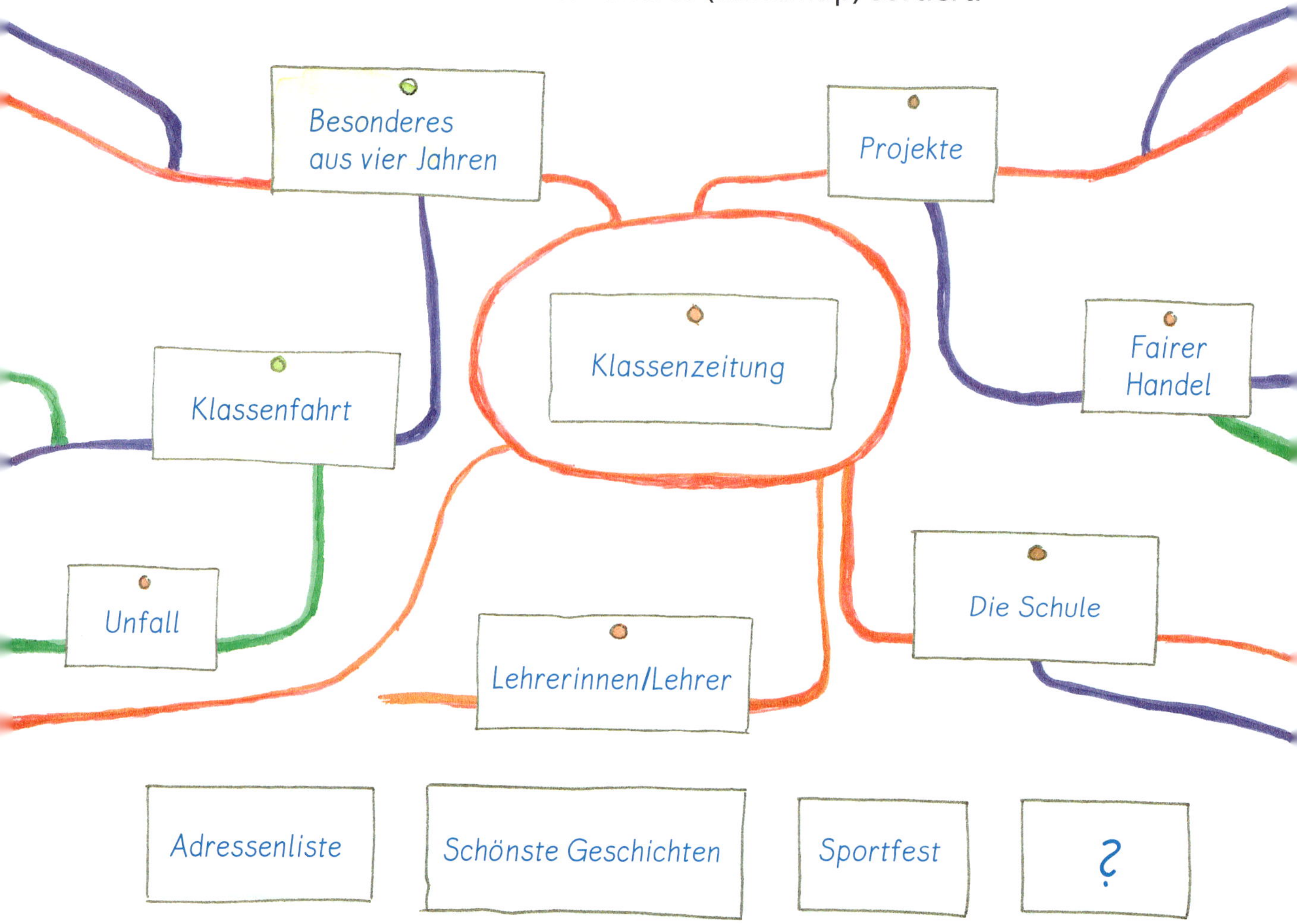

1. Lest die Mindmap.

2. Überlegt gemeinsam, worüber ihr in eurer Klassenzeitung berichten wollt. Sammelt eure Ideen und schreibt jeden Vorschlag auf eine Karte. Gestaltet dann eure eigene Mindmap.

● Projekte mithilfe einer Mindmap planen

3 Die Kinder haben einen Arbeitsplan für ihre Zeitung gemacht.
Welche Aufgaben sind noch zu verteilen?
Sprecht darüber und stellt einen Plan für eure eigene Zeitung auf.

An der Klassenzeitung arbeiten

1 Suche die Homepage deiner Schule.
Welche besonderen Projekte kannst du finden? Berichte darüber.

2 Welche Projekte haben dir in deiner Schulzeit besonders gefallen?
Schreibe einen kurzen Text.

Nachtwanderung

Lilly und Meral haben sich über den Unfall bei der Nachtwanderung unterhalten. Sie haben einen kurzen Text geschrieben. Amelie und Michail helfen ihnen dabei, ihn zu überarbeiten.

Beinbruch

Auf unserer Klassenfahrt haben wir eine Nachwanderung gemacht. Dabei hat sich Matthias den Fuß gebrochen. Er ist in ein tiefes Loch getreten und schon war der Fuss futsch. Frau Tamion hat Matthias zurückgetragen. Dann sind sie ins Krankenhaus gefahren.

Die Überschrift ist zu kurz. Wie wäre es mit „Beinbruch im dunklen Wald"?

Da sind Rechtschreibfehler.

Schreibt doch noch etwas aufregender!

„Futsch" find ich nicht gut. Das klingt zu lustig.

Über den Gipsfuß habt ihr ja gar nichts geschrieben!

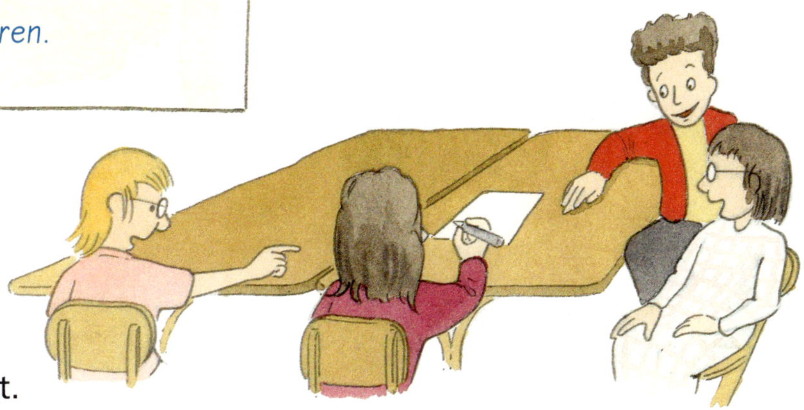

3 Lilly und Meral beraten und überarbeiten den Text.
Wie könnte der neue Text weitergehen?
Schreibe in dein Heft und beachte die Ratschläge der Kinder.
So könnte dein Text anfangen:

Beinbruch im dunklen Wald
Auf unserer Klassenfahrt haben wir eine Nachtwanderung gemacht.
Im Wald war es sehr dunkel. Plötzlich …

Übungskiste

Hörbuch Kinderzeitschrift Comic verleihen gestalten
beobachten Internet Text recherchieren schneiden
Interview sammeln Mindmap aufkleben Kinderbuch

1 Welche Erklärung passt zu diesen Wörtern? Schreibe in dein Heft.

1. Im ? gibt es viele Bilder mit Sprechblasen.
2. Die ? Geolino gefällt manchmal auch den Erwachsenen.
3. Manche Kinderbücher gibt es auch als ? .
4. Eine Ideenlandkarte heißt auch ? .
5. Im ? kann man auch recherchieren.
6. Ein ? ist eine Befragung.

Abschreibtext

Das Klassenfest
Viele Eltern, Geschwister, Freunde
und Lehrer kamen zum Klassenfest der 4a.
Die Schüler führten ein kurzes Theaterstück auf.
Nach der Aufführung gab es
großen Beifall für die Darsteller.
Im Klassenraum konnten die Gäste eine Ausstellung
über die Grundschulzeit bewundern.
Die Eltern brachten Spezialitäten
aus verschiedenen Ländern zum Essen mit.
Zum Schluss gab es noch eine Verlosung mit tollen Preisen.

2 Schreibe den Text ab.
Unterstreiche die schwierigen Wörter.

Ideenkiste

Eine Zeitung für unsere Klasse herstellen

Gestalten mit Schere und Kleber

Das leere Papier hinlegen und einteilen

so: oder so:

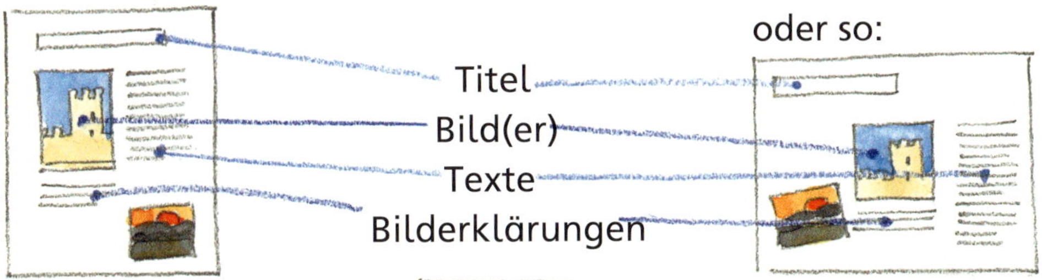

- Bilder auf das Papier legen
- Leere Zettel für Texte zurechtschneiden
- Texte auf die Zettel schreiben, alles gerade ausrichten und aufkleben

Gestalten mit dem Computer

Schreibprogramme bieten Möglichkeiten zum Gestalten.

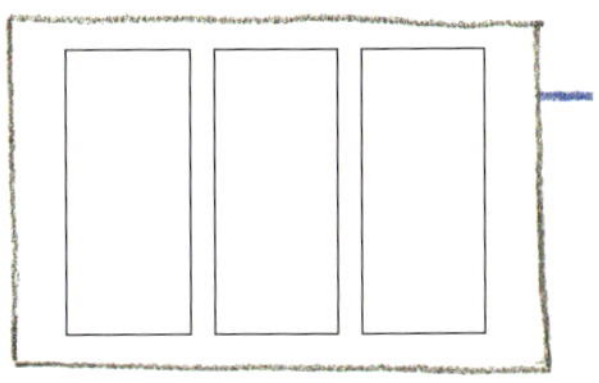

Spalten

Rahmen

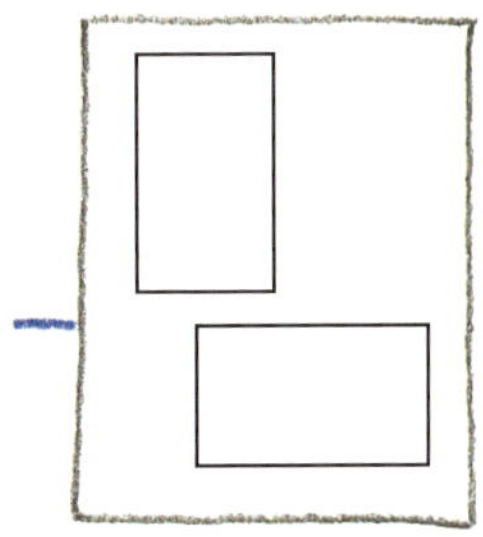

Rahmenverzierungen

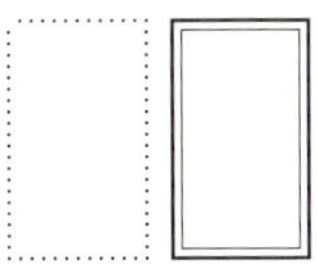

Zierbuchstaben

✱ △ ● Zeichen

Die Texte muss man nicht aufkleben, man kann sie direkt eintippen

Das Sportfest wahr toll.

und verbessern.

Das Sportfest war toll.

Jahreszeiten, Feste und Feiern

Kinder feiern …

Ich heiße Inga
und lebe mit meiner Familie in Schweden.
Am 13. Dezember feiern wir das Luciafest.
Santa Lucia ist die Schutzpatronin des Lichtes.
Die älteste Tochter einer Familie darf einen Luciakranz
aus Buchsbaum und Kerzen aufsetzen
und ein weißes Kleid mit einem roten Band anziehen.
In allen Schulen in Schweden wird eine Schülerin
als heilige Lucia gewählt.
Letztes Jahr war ich die Lucia in unserer Schule.
Ich war sehr aufgeregt.

Mein Name ist Sayo.
Ich lebe in Japan.
Ich freue mich auf den 3. März.
Dann findet das Puppenfest
Hina Matsuri statt.
Auf Japanisch heißt Hina kleine Puppe.
Viele Menschen in Japan glauben,
dass sich Krankheiten und Unglück
auf eine Puppe übertragen lassen.
In einigen Gegenden des Landes
werden Puppen aus Papier
in Strohbooten dem Meer übergeben.

● Feste anderer Länder kennenlernen

… rund um die Welt

Mein Name ist Dilek.
Mein Lieblingsfest ist das Çocuk bayramı.
An diesem Tag im April werden die Kinder
der Türkei geehrt.
Viele Kinder führen Tänze vor.
Dafür ziehen wir unsere schönste Tracht an
oder verkleiden uns mit Kostümen.
Außerdem bekommen wir kleine Geschenke.

(1) Schreibe die Fragen und Antworten in dein Heft.
- In welchem Land lebt Inga?
- An welchem Tag wird das Luciafest gefeiert?
- Wie heißt das Kinderfest in der Türkei?
- In welchem Monat findet das Kinderfest in der Türkei statt?
- In welchem Land lebt Sayo?
- Wann ist das Puppenfest in Japan?
- Für welches Fest braucht man kleine Strohboote?
- Wie heißt das Puppenfest?
- Was heißt kleine Puppe auf Japanisch?

(2) In Indien gibt es das Fest Holi.
Dieses bunte Fest macht Kindern viel Spaß.
Suche darüber im Internet nach Informationen.
Schreibe einen kurzen Text dazu.
Ihr könnt zu zweit arbeiten.

(3) Lest euch eure Texte vor und vergleicht sie.

(4) Ebenfalls im Internet
unter *www.blinde-kuh.de* findest du
Informationen über Halloween.
Stelle dieses Fest der Klasse vor.

- Gezielt Infomationen in Texten finden
- Informationen mit neuen Medien sammeln

► Förderheft: Seite 34
► Forderkartei: Nr. 65, 66

Frühling

Ein Aprilscherz
Tim kommt ganz betrübt nach Hause.
Er hat sein Matheheft hinter dem Rücken versteckt.
„Zeig mal, was du da hinter dem Rücken hast“, sagt die Mutter.
„Bitte, schimpf nicht!“, bittet Tim weinerlich.
„Hast du eine schlechte Note geschrieben?“
„Ja, eine ganz schlechte Note.“
Die Mutter sieht in das Heft und ist überrascht.
Tim ruft: „April, April!“

(1) Aprilscherze werden am 1. April gemacht. An diesem Tag versucht man, seine Mitmenschen durch erfundene oder verfälschte Geschichten oder Informationen hereinzulegen. Lest den Text. Überlegt, was im Matheheft wirklich stehen könnte.

Feuerwehr rettet Eichhörnchen
Gestern hatte die Feuerwehr im Schummelweg einen Rettungseinsatz. Ein Eichhörnchennest mit drei kleinen Eiern war abgestürzt. Nach dem Eintreffen der Feuerwehr wurde das Nest mit der Feuerwehrleiter wieder im Baum befestigt. Sofort setzte sich die aufgeregte Eichhörnchenmutter wieder auf das Nest. Alle hoffen, dass die Eichhörnchenbabys in spätestens drei Wochen ausgeschlüpft sein werden.

(2) Hier ist einiges nicht richtig. Findet es heraus.

(3) Schreibt auch eine Aprilscherz-Geschichte, in der etwas nicht stimmt. Ihr könnt zu zweit arbeiten.

(4) Sammelt die Aprilscherz-Geschichten. Ihr könnt sie auch an einer Wandzeitung befestigen.

Zum Verschenken

Ein Herz aus Moos

Du brauchst:
- Karton
- Watte
- Moos
- Gold- oder Silberdraht
- Klebstoff
- evtl. Blüten

1. Schneide aus dem Karton ein Herz aus.
2. Klebe auf das Herz rundherum viel Watte.
3. Lege auf die Watte viel Moos und umwickle es kreuz und quer mit dem Draht.
4. Du kannst jetzt kleine Blüten in das Moosherz stecken. Falls notwendig, bohre eine Stecknadel von oben in die Blüte und stecke sie in das Herz.

Rosenbriefpapier

Sicher möchtest du deiner Mutter
auch etwas aufschreiben.
Dazu kannst du ein Rosenbriefpapier herstellen.

1. Lege einzelne rote Rosenblütenblätter und grüne Rosenstielblätter jeweils zwischen zwei Lagen saugfähiges Papier. Beschwere dies mit Büchern und lasse es mindestens zwei Tage ruhen.
2. Ordne die getrockneten Blätter wie Rosenblüten oder Blumenranken auf einem schönen Bogen Briefpapier an und klebe sie vorsichtig fest.
3. Jetzt kannst du deine Glückwünsche oder ein Gedicht aufschreiben.

- Arbeitsanweisungen verstehen und umsetzen
- Schreibmaterialien herstellen

Auf Rollen durch den Sommer
Erfunden wurde das Rollschuhfahren in Amerika. Es war kein Freizeitspaß für Kinder, sondern ein Vergnügen für Erwachsene. Sie zogen sich elegante Kleider an und wollten darin natürlich nicht ins Schwitzen geraten. Die Rollschuhe waren einfacher gebaut als heute.
Sie bestanden aus einer Metallsohle mit vier Rädern, zwei vorn und zwei hinten. Diese wurde mit einem Riemen unter die Schuhe geschnallt. Da die Räder aus Eisen waren, machten sie viel Krach.

1 Lies den Text genau.
- Wo wurde das Rollschuhfahren erfunden?
- Für wen war das Rollschuhfahren ein Freizeitspaß?
- Warum wollten die ersten Rollschuhfahrer nicht ins Schwitzen geraten?
- Woraus bestanden die Rollschuhe?
- Wie wurden sie an den Schuhen befestigt?
- Woran lag es, dass die ersten Rollschuhe beim Fahren sehr viel Krach machten?

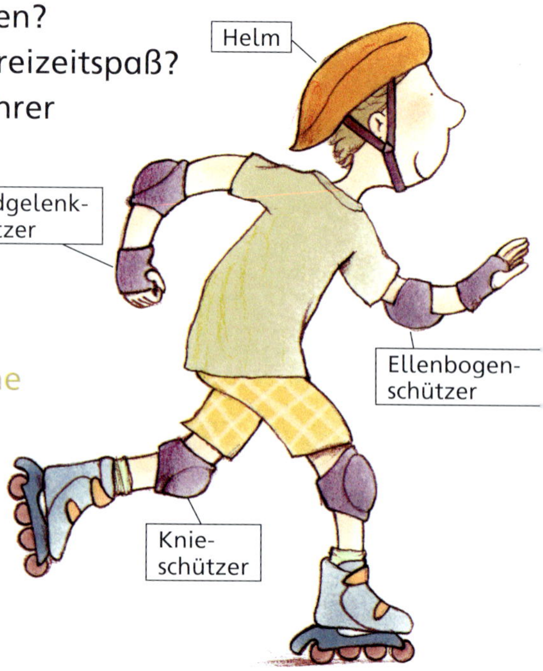

2 Was trägt der Junge zum Schutz beim Inlinerfahren? Schreibe einen kurzen Text.
Auf dem Kopf trägt er …

3 Was machst du, um durch den Sommer zu rollen? Erzähle davon.

Sommerferien

Stefan ist mit seinen Eltern in den Ferien nach Spanien gefahren. Sie zelten am Meer auf einem Campingplatz. Stefan hat schon einen Freund gefunden. Er heißt Pablo. Manchmal versteht der eine nicht, was der andere sagt. Dann machen sie Zeichen.

Stefan kann sich am Abend schon auf Spanisch verabschieden.
Und Pablo kann auch schon deutsch sprechen.
Stefan: ¡Buenas noches, Pablo! ¡Hasta mañana!
Pablo: „Gute Nacht, Stefan! Bis morgen!“

1 Was sagt Pablo? Besprecht das zu zweit.

2 Schreibt alle spanischen Wörter auf und sucht die deutsche Übersetzung.

Komm her! | Das Meer. | Ich heiße …

Gute Nacht! | Bis morgen! | Gehen wir an den Strand?

3 Kennst du Ausdrücke aus einer anderen Sprache? Schreibe sie auf und stelle sie den Kindern vor.

Herbst

(1) Betrachtet die beiden Bilder. Beschreibt, was ihr seht.

(2) Viele Dichter haben über die zwei Seiten des Herbstes geschrieben.
Lies die folgenden Gedichtverse.
Welche Verse passen zu welchem Bild?
Passt ein Vers auch zu beiden Bildern?
- Die bunten Laubgardinen weh'n (Erich Kästner)
- Dem Grün, dem geht die Farbe aus (Miriam Frances)
- Graue Nebel wallen (Salis-Seewis)
- Die Straßen sind voll Blätterschnee (Miriam Frances)
- Man hört nur flüsternd die Blätter fallen (Joseph von Eichendorff)
- Bunt sind schon die Wälder (Salis-Seewis)
- Wie Honig fließt das Laub im Lichte (Karl Krolow)
- Mich fröstelt, wenn die Blätter fallen (Miriam Frances)
- Kühler weht der Wind (Salis-Seewis)
- Rote Blätter fallen (Salis-Seewis)

(3) Suche in Herbstgedichten weitere Gedichtverse,
die zu den Bildern passen.

(4) Stellt einige Gedichtverse zu einem Gedicht zusammen.

(5) Schreibe einen 5-Sätze-Text über einen Spaziergang durch den Wald.

Nebel – Wolken am Boden

Im Herbst gibt es viel Nebel, weil die Luft vom Sommer noch warm und feucht ist, die Nächte aber kälter werden und der Boden auskühlt. Warme Luft kann mehr Feuchtigkeit speichern als kalte. Wenn die Luft über den ausgekühlten Boden streicht, kann sie die Feuchtigkeit nicht mehr halten. Es bilden sich viele winzige Wassertröpfchen, die in der Luft schweben. Nebel ist also nichts anderes als eine Wolke, die bis zum Boden reicht und unsere Sicht stark verringert. Im Straßenverkehr passieren bei Nebel immer wieder Unfälle, weil die Autofahrer nicht weit genug sehen können. Deshalb ist es ratsam, genau aufzupassen, wenn man über die Straße geht. Fußgänger und Radfahrer sollten im Herbst Kleidung mit leuchtenden Farben tragen.

1 Lest den Sachtext genau.

2 Schreibt die Fragen mit den richtigen Antworten ins Heft.
- Wie kommt es, dass es vor allem im Herbst oft Nebel gibt?
- Woraus besteht der Nebel?
- Warum passieren bei Nebel so viele Unfälle?
- Warum solltest du im Herbst als Fußgänger leuchtende Kleidung tragen?

Plötzlicher Nebel *Barbara Rhenius*

Es ist wie im Traum:
Dort drüben der Baum –
hat sich versteckt –
ist bis oben hin zugedeckt –
es ist, als wär' alles versunken –
alles – alles ertrunken.
Nebelsuppe um dich her –
und du siehst –
fast gar nichts mehr.

3 Worin besteht der Unterschied zwischen dem Sachtext oben und diesem Nebelgedicht?

Winter

„Frohes neues Jahr!" in anderen Sprachen

新 年 快 樂
(Xin Nian Kuai Re!)

¡Feliz año nuevo!

Bonne année!

Godt nytår!

Happy new year!

Szczęśliwego nowego roku!

1. Lest „Frohes neues Jahr!" in allen Übersetzungen.

2. Findet heraus, in welchen Ländern man sich so ein frohes neues Jahr wünscht. Die Flaggen der Länder können euch dabei helfen.

3. Schreibt nun „Frohes neues Jahr!" in diesen Übersetzungen ab.

4. Erzähle, wie du Silvester und das neue Jahr feierst.

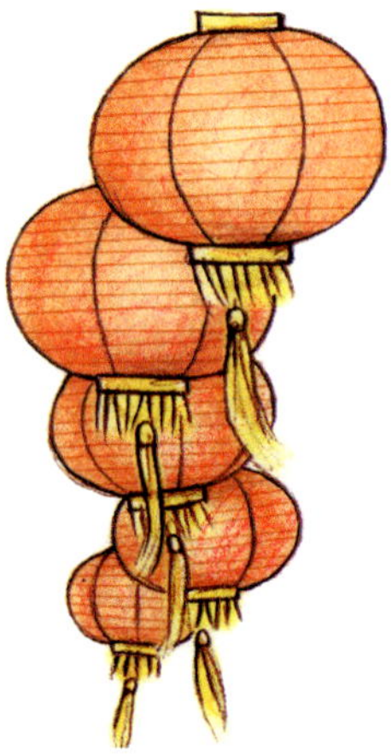

Nan Ying aus China erzählt
Wir feiern erst zwischen dem 20. Januar und dem 20. Februar Neujahr. Die Häuser schmücken wir mit roter Farbe. Außerdem gibt es ein großes Feuerwerk. Das soll die bösen Geister vertreiben.

Rosanna aus Spanien erzählt
Bei jedem Glockenschlag um Mitternacht essen wir eine Weintraube. Für jede Weintraube können wir uns etwas wünschen. Das ist ganz schön anstrengend, weil man immer so schnell essen muss.

5. Lest euch diese Texte genau durch.
   - Wann ist Neujahr in China?
   - Welche Bedeutung hat das Feuerwerk?
   - Mit welcher Farbe schmücken die Chinesen ihre Häuser?
   - Was isst Rosanna um Mitternacht?

- Sich mit unterschiedlichen Sprachen beschäftigen
- Gezielt Informationen in Texten finden

▶ Rechtschreib-Werkstatt: Seite 95

Schneeflocken

Schneeflocken …
sind wie Kristalle,
sind wie kleine Sterne,
sind wie …

(1) Schreibe die Sätze in dein Heft und vervollständige sie.
Schreibe auch noch eigene Sätze dazu.
Schneeflocken sind wie Kristalle,
Schneeflocken sind …

(2) Male neben deinen Text Schneeflocken.

(3) Du kannst Schneeflocken auch basteln. So wird es gemacht:
a. Zeichne auf ein Blatt Papier einen Kreis und schneide ihn aus.
b. Falte den Kreis in der Mitte.
c. Falte den Halbkreis in drei gleichgroße Drittel und streiche die Kanten glatt.
d. Zeichne Äste wie im Beispiel auf.
e. Schneide nun an deiner Markierung entlang.
f. Falte die Schneeflocke dann auseinander.

Lern-Werkstatt

Vorbereitung auf Klassenarbeiten

1 Sprecht über die Aussagen der Kinder.

Lerntipps
- Wenn du lernst, lies nicht nur, sondern gib den Lernstoff auch mit eigenen Worten wieder.
- Schreibe dir wichtige Stichpunkte auf.
- Fertige dir Skizzen und Bilder an, wenn es hilft.
- Markiere wichtige Lerninhalte farbig.
- Stelle dir selbst Fragen und löse auch Übungsaufgaben.

Vorbereitung auf eine Klassenarbeit
- Trage Klassenarbeiten in dein Hausaufgabenheft ein.
- Beginne rechtzeitig mit dem Lernen. Mache dir dazu einen Lernplan.
- Lerne an einem Ort, an dem du dich wohlfühlst und nicht gestört wirst.
- Lerne möglichst selbstständig.
- Wiederhole täglich etwas vom Lernstoff.
- Prüfe zwischendurch, ob du das Gelernte beherrschst.
- Wiederhole am Tag vor der Arbeit noch einmal das Wichtigste.

Tag	*Was wiederhole ich?*	*Wie?*
Montag	*Wortarten*	*– alle Wortarten aufschreiben – Beispiele im Wörterbuch suchen – Wortartenprobe (mündlich)*
Dienstag	*– Satzarten – Wortarten*	*– im Wörterbuch nachschlagen – Satzarten in einem Text bestimmen – wie Montag*
Mittwoch	*– Wortarten – Wortbausteine – Zeitformen*	*– wie Montag – im Sprachbuch nachlesen, Klassenwortschatzwörter in Wortbausteine zerlegen – im Wörterbuch nachschlagen – Übungen im Sprachbuch suchen – Sätze in allen Zeitformen von Eltern sagen lassen → bestimmen*
Donnerstag	*alles wiederholen*	*Aufzeichnen, aufschreiben – Was weiß ich alles?*
Freitag	*Klassenarbeit*	

2 Fertige für deine nächste Klassenarbeit einen Lernplan an.

- Planvolles Üben lernen
- Eigenes Arbeitsverhalten reflektieren
- Etwas schriftlich begründen

▶ Arbeitsheft: Seite 10
▶ Förderheft: Seite 36
▶ Forderkartei: Nr. 69, 70

Informationen sammeln und präsentieren

Jarek hat sich für seinen Vortrag ein Thema ausgesucht. Erste Informationen über sein Thema findet er in einem Lexikon und in Sachbüchern.

1 Wo findet ihr noch mehr Informationen für einen Vortrag? Sprecht darüber.

Jarek nutzt für seinen Vortrag noch weitere Medien:

- Bilder/Fotos
- Steckbrief
- Zeitungsartikel
- Tabellen/Diagramme
- eigene Bilder
- Bücher
- Landkarten
- Prospekte
- Internet-Text
- eigene Texte

Damit sein Vortrag besonders anschaulich wird, gestaltet Jarek ein Plakat.

Tipps: Plakat gestalten

- nur das Wichtigste heraussuchen
- alles übersichtlich anordnen
- große Überschriften benutzen
- große farbige Bilder nehmen
- wenig Text einsetzen
- deutlich in Druckschrift schreiben

Mithilfe von Stichwortkarten und mit dem Plakat hält Jarek dann seinen Vortrag.

2 Sammle zu einem Thema Informationen und präsentiere sie wie Jarek. Frage die anderen Kinder anschließend, was ihnen gut und was ihnen nicht so gut gefallen hat.

- Informationen auswählen
- Ein Lernplakat erstellen
- Lernergebnisse vorstellen

▶ Tiere im Wasser: Seite 21, 24

Wörter üben

Auf dieser Seite bekommst du Vorschläge, wie du Wörter üben kannst.

1. Ordne die Wörter nach dem ABC.
2. Ordne die Wörter nach den Wortarten.
3. Schreibe die Wörter getrennt nach ihren Silben auf.

4. Bilde aus einigen Substantiven, Verben oder Adjektiven zusammengesetzte Wörter. *Sommerferien, ablesen, bitterkalt*
5. Schreibe die Verben in einer Personalform im Präsens und Präteritum auf. *ich sage, ich sagte er ruft, er rief*
6. Schreibe die Verben in einer Personalform im Futur und im Perfekt auf. *ich werde lesen, ich habe gelesen*
   du wirst gehen, du bist gegangen
7. Schreibe zu einigen Wörtern verwandte Wörter auf und unterstreiche den Wortstamm: *Ordnung, ordnen, ordentlich*

8. Stelle Wörter mit bestimmten Merkmalen zusammen:
   mit Dehnungs-h: Zahn, fühlen, … mit g am Wortende: Berg, Ring, …
9. Versuche aus einem Wort neue Wörter zu bilden, ohne neue Buchstaben dazu zu nehmen.
   Schmetterling: Gitter, Schlitten, Ring, leise, …
10. Untersuche einige Wörter genau:
    erzählen – *Verb* – *Vorsilbe er-* – *Dehnungs-h* – *ä von zahl-* – *3 Silben* – *Verwandte: Zahl, zahlen, Erzählung*
11. Bilde mit einigen Wörtern Sätze.
12. Lass dir die Wörter von einem anderen Kind diktieren.
13. Finde passende Reimwörter zu den Wörtern.

Üben mit der Lernkartei

(1) Suche dir Wörter, die für dich schwierig sind.
Schreibe sie richtig auf einzelne Karten ab.
Markiere die schwierigen Stellen.
Sammle die Karten in Fach 1.

Fach 1
Nimm nacheinander eine Wortkarte aus Fach 1.
- Lies das Wort und präge es dir ein.
- Drehe die Karte um und schreibe das Wort auf. Kontrolliere.
  Hast du einen Fehler gemacht? **Worin lag dein Fehler?**
  Korrigiere das Wort.
  Wörter, die du richtig geschrieben hast, steckst du in Fach 2.

Fach 2
Nimm alle Wortkarten aus dem Fach und wähle vier geeignete Übungen von Seite 74 aus.
Wörter die du richtig geschrieben hast, steckst du in das nächste Fach.

Fach 3
Nimm nacheinander eine Wortkarte aus dem Fach und gehe so vor:
- Präge dir das Wort ein und schreibe es aus dem Gedächtnis auf.
- Kontrolliere und berichtige.
- Markiere die schwierigen Stellen wie auf der Karte.
- Schreibe nun eine Begründung für jede schwierige Stelle auf.

Wörter die du richtig geschrieben hast, steckst du in Fach 4.

Fach 4
Führe mit den Karten aus Fach 4 folgende Übungen durch:
- Bilde mit den Wörtern Sätze.
- Lass dir dann von einem anderen Kind alle Wörter diktieren. Kontrolliere.

Wörter die du richtig geschrieben hast, sammelst du in einer Schatzkiste.

Tipp
Wiederhole in größeren Abständen auch die Wörter aus der Schatzkiste.

Mit der Wörterliste berichtigen und arbeiten

Philipp hat eine Geschichte geschrieben.
Im Text sind die falsch geschriebenen Wörter markiert.

Gewitter

Tina liegt im Bett und treumt.

Draußen regnet es.

Tina hört es gern, wenn der regen gegen die Fensterscheibe tromelt.

plötzlich blitzt und kracht es.

Vor Schreck sprinkt Tina aus dem Bett und sieht aus dem Fenster.

Zum Klück ist nichts passiert.

Nur der Regen praselt auf die Strase.

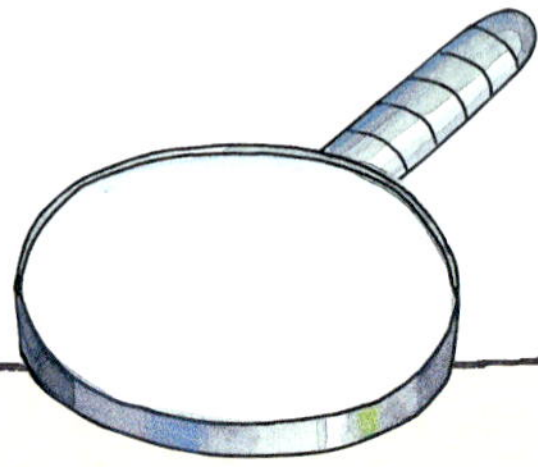

(1) Lies den Text genau.

(2) Schreibe die falsch geschriebenen Wörter richtig auf.
Überprüfe die richtige Schreibweise mit der Wörterliste.

(3) Begründe die richtige Schreibweise.

(4) Schreibe den berichtigten Text fehlerfrei ab.

(5) Suche die Grundform aller Verben aus dem Text oben in der Wörterliste.
Schreibe so: *liegt – liegen, Seite 144*

(6) Wie werden diese Wörter getrennt?
Kontrolliere mit der Wörterliste.

Fenster

plötzlich

Gewitter

draußen

Schreck

Was kann ich nun?

Teste dich doch einmal selbst! Schreibe die Antworten auf.
Sieh dann hinten nach, ob du alles richtig gemacht hast.

1 Welche Lerntipps beachtest du, wenn du dich auf eine Klassenarbeit vorbereitest? Schreibe sie in dein Heft.

2 Hier sind einige Wörter falsch geschrieben. Schreibe sie richtig auf. Kontrolliere mit der Wörterliste. Erkläre die richtige Schreibweise.

Der Blumenstrauß
Kai und Nicole wollen für ihre Mutter blumen kaufen.
Besonders gut gefellt ihnen der Sommerstrauß.
die Blumen sind so schön bund.
Der Verkäufer Wickelt die Blumen ein.
Ihre Muter wird sich freuen.

3 Die folgenden zusammengesetzten Wörter findest du nicht in der Wörterliste. Suche die Wortteile in der Wörterliste. Schreibe sie mit der Seitenzahl auf.

schneeweiß zuckersüß kugelrund messerscharf

4 Die Verbform **half** findest du nicht in der Wörterliste. Was machst du, um das Wort nachzuschlagen? Schreibe in dein Heft, wie du vorgehst.

5 Welche Tipps beachtest du, wenn du für deinen Vortrag ein Plakat gestalten möchtest? Schreibe sie in dein Heft.

nur das Wichtigste heraussuchen

möglichst viel Text einsetzen

kleine Überschriften benutzen

alles übersichtlich anordnen

Rechtschreib-Werkstatt

Langer Selbstlaut – kurzer Selbstlaut

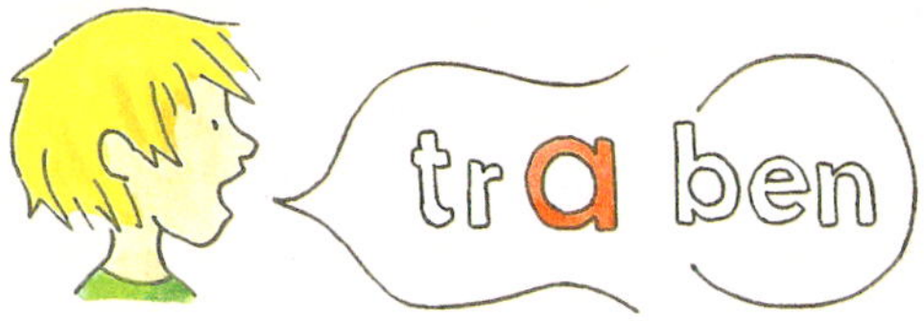

Ein Wort wie **tra-ben** besteht aus zwei Silben.
Die erste Silbe endet mit einem **langen a.**
Der Mund bleibt beim Sprechen für einen Augenblick offen.
Man nennt sie deswegen eine **offene Silbe.**

Ein Wort wie **krab-beln** besteht auch aus zwei Silben.
Die erste Silbe hat ein **kurzes a,**
das man nicht so deutlich hört wie in traben.
Die Silbe endet mit einem b und der Mund ist dabei geschlossen.
Man nennt diese Silbe deswegen eine **geschlossene Silbe.**

1 Sprich die Wörter deutlich aus
und stelle sie zu Reimpaaren zusammen.
Schreibe sie mit Trennstrichen auf: *Ga-bel – Schna-bel, ...*

Gabel grabbeln graben schaffen Hafen knabbern
krabbeln schlabbern schlafen Schnabel Affen haben
rufen knuffen verdoppeln proben Stufen loben
hoppeln offen hobeln puffen getroffen knobeln

2 Diktiert euch die Wörter gegenseitig.
Sprecht die Wörter dabei so aus, dass man hören kann,
ob die erste Silbe offen oder geschlossen ist.
Wer diktiert, kontrolliert, ob der andere richtig schreibt.

- Rechtschreibstrategien anwenden: Mitsprechen
- Silbenprinzip wiederholen
- Lang und kurz gesprochene Selbstlaute unterscheiden
- Partnerdiktat

► Arbeitsheft: Seite 14

Wörter mit zwei Selbstlauten

Es gibt einige wenige Wörter, bei denen der lange **Selbstlaut** mit zwei Buchstaben geschrieben wird.

MEER - BLATT SEE - BALL SCHNEE - SCHWEINCHEN
HUSTEN - BOOT RUDER - TEE HAAR - PFERDCHEN
ERD - FEE KLEE - SPANGE MÄRCHEN - BEEREN

(1) Setze die Wörter richtig zusammen: *Meerscheinchen, …*

(2) Du kannst diese Wörter nun auch so zusammensetzen, dass witzige Wörter dabei entstehen: *Schneepferdchen, …*

(3) Bilde mit den folgenden Wörtern Reimpaare.

See Teer Paar Kaffee Meer Schnee Haar Fee

Wenn **zwei Dinge** zusammengehören sind sie ein **Paar**.
Mehr als zwei Dinge sind aber ein **paar** Dinge.

Paar oder paar?

Die Braut und der Bräutigam sind ein schönes ? .
Die Kinder stellen sich bei diesem Spiel immer als ? auf.
Simon nimmt sich ein ? Kirschen aus der Schüssel.
Hannah hängt sich über jedes Ohr ein ? Kirschen.
Leonie wünscht sich zum Geburtstag ein ? Ohrringe und ein ? Buntstifte.
Jan hat mit seinem neuen ? Fußballschuhen gleich ein ? Tore geschossen.

(4) Schreibe die Sätze mit dem richtigen Wort in dein Heft.

Wörter mit doppelten Mitlauten

Wenn du nach einem **kurzen Selbstlaut** nur einen **Mitlaut** hörst, wird er beim Schreiben **verdoppelt:** *fallen, immer, Kanne.*

(1) Schreibe die Substantive in der Einzahl und dann in der Mehrzahl mit Trennstrichen auf: *Affe – Af-fen, …*

Wörter mit …

ff:	**ll:**	**mm:**	**nn:**	**tt:**
Affe	Brille	Kamm	Mann	Bett
treffen	sollen	stimmen	können	retten
offen	schnell	dumm	dünn	nett
Schiff	Stelle	Hummel	Tonne	Blatt
hoffen	bellen	summen	rennen	betteln
getroffen	toll	stumm	sonnig	kaputt

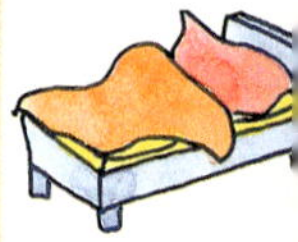

(2) Schreibe die Verben mit Trennstrichen auf: *tref-fen, …*

(3) Schreibe Sätze auf, in denen die Verben in der gebeugten Form mit **du, er** oder **es** vorkommen. Der doppelte Mitlaut bleibt erhalten: *Er trifft sich heute mit seinem Freund.*

(4) Denke dir zu den Adjektiven ein passendes Substantiv aus und schreibe wie im Beispiel: *das offene Fenster, …*

(5) Sucht gemeinsam in der Wörterliste weitere Wörter mit **ff, ll, mm, nn** und **tt.** Schreibt sie geordnet auf.

(6) Übt die Wörter, die ihr gefunden habt, wie in Aufgabe 1 bis 4 oder mit Übungen von Seite 74.

(7) Sucht und übt auch Wörter mit **bb, dd, gg, pp** oder **rr.**

Wortfamilien mit einfachen und doppelten Mitlauten

Ein **doppelter Mitlaut** bleibt in den meisten Wörtern einer Wortfamilie erhalten: *treffen, sie trifft, sie hat getroffen.* Wenn aber in einem Wort ein **langer Selbstlaut** vorkommt, steht dort nur **ein Mitlaut**: *sie traf.*

1 Lest euch diese Wörter gemeinsam durch.
Ist der markierte Selbstlaut lang oder kurz?

treffen kommen fallen bitten sie bittet er fällt sie trifft
es kommt er kam sie bat er traf es fiel er ist gefallen
sie hat getroffen er hat gebeten sie ist gekommen

2 Schreibe die Wörter geordnet nach Wortfamilien auf:
treffen – sie trifft, er traf, sie hat getroffen
kommen – …

3 Markiere die kurzen Selbstlaute mit einem Punkt: *treffen, …*

Manchmal hat ein Wort in der **Grundform** keinen **doppelten Mitlaut**, aber ein anderes Wort aus der **Wortfamilie** schon, weil es einen **kurzen Selbstlaut** hat: *ich reite,* aber: *ich ritt.*

4 Übe auch diese Wörter wie in den Aufgaben 1, 2 und 3.

reiten streiten kneifen pfeifen er kneift sie reitet
du pfeifst sie streitet er stritt sie pfiff er ritt sie kniff
sie hat gepfiffen er hat gekniffen sie hat gestritten

5 Bilde mit einigen Verben aus den Kästen Sätze.

- Lang und kurz gesprochene Selbstlaute unterscheiden
- Wortfamilien bilden
- Rechtschreibstrategien anwenden

► Arbeitsheft: Seite 17
► Förderheft: Seite 40
► Forderkartei: Nr. 79

Wörter mit k und ck

(1) Schreibe diese Wörter ab und unterstreiche immer den Buchstaben, der vor dem **k** steht. Welche Buchstaben sind es?

Schrank Wolke Maske Gurke stark trinken welken

(2) Schreibe diese Wörter ab und unterstreiche immer den Buchstaben, der vor dem **ck** steht. Welche Buchstaben sind es?

Ruck Schreck Stock zwicken packen

(3) Wenn du Aufgabe 1 und 2 bearbeitet hast, dann kannst du die beiden Merksätze sicherlich vollständig in dein Heft schreiben.
Setze ein: **einem kurzen Selbstlaut**
einem Mitlaut

Nach ? steht nur ein **k:**
in *Wolke* und in *Bank*, in *Gurke* und in *Schrank*.
Ein **ck** steht nur nach ? :
in *packen, lecken, jucken,* in *zwicken, locken, spucken.*

(4) Stelle die Wörter mit **k** zu Reimpaaren zusammen:
Bank – Schrank, …

Bank winken danken Schrank trinken zanken
Quark melken krank Park welken schlank

(5) Stelle die Wörter mit **ck** zu Reimpaaren zusammen: *Backe – Jacke, …*

Backe jucken Mücke Jacke zwicken Rock Lücke
gucken nicken Stock lecken trocken Trick Glück
Ecke necken erschrocken Decke Strick Stück

(6) Schreibe noch weitere Wörter mit **ck** auf.
Kontrolliere mit der Wörterliste oder dem Wörterbuch.

- Kurze und lange Selbstlaute unterscheiden
- Merksätze vervollständigen

► Wörterliste: Seite 136–151
► Arbeitsheft: Seite 19
► Forderkartei: Nr. 80

Wörter mit z und tz

(1) Schreibe diese Wörter ab und unterstreiche immer den Buchstaben, der vor dem **z** steht. Welche Buchstaben sind es?

Tanz Salz Schmerz krächzen seufzen

(2) Schreibe diese Wörter ab und unterstreiche immer den Buchstaben, der vor dem **tz** steht. Welche Buchstaben sind es?

Schutz Platz flitzen petzen trotzig

(3) Wenn du Aufgabe 1 und 2 bearbeitet hast, dann kannst du die zwei Merksätze sicherlich vollständig in dein Heft schreiben.
Setze ein: **einem kurzen Selbstlaut**
einem Mitlaut

Nach ? steht nur ein **z:**
in *tanzen* und in *Holz,* in *Wurzel* und in *Stolz.*
Ein **tz** steht nur nach ? :
in *putzen* und *spritzig,* in *kratzen* und *witzig.*

(4) Stelle die Wörter mit **z** zu Reimpaaren zusammen: *Herz – Schmerz, ...*

Herz tanzen Schmerz ganz pflanzen Schwanz
Pfefferminz Holz Prinz kurz stolz Sturz

(5) Stelle die Wörter mit **tz** zu Reimpaaren zusammen: *Schatz – Platz, ...*

Schatz sitzen Katze setzen Platz flitzen petzen Tatze
trotz nutzen Spitze Klotz kratzen putzen Hitze schwatzen

(6) Werden diese Wörter mit **z** oder **tz** geschrieben?
Kontrolliert mit der Wörterliste.

hei?en Gei? rei?en Schnau?e Kreu? Wei?en

Wörter mit ss und ß

Für Wörter mit **ss** oder **ß** gilt:
Auf einen **kurzen Selbstlaut** folgt **ss** und auf einen **langen Selbstlaut** folgt **ß.** Auch bei **ei** und **ie** folgt **ß.**
So werden manchmal die einen Wörter einer Wortfamilie mit **ss** und andere mit **ß** geschrieben:
essen, er isst, er hat gegessen – aber: *er aß.*

1 Lest euch diese Wörter gemeinsam durch.
Achtet dabei besonders auf die langen und kurzen Selbstlaute.

wissen	er weiß	er wusste	er hat gewusst
lassen	er lässt	er ließ	er hat gelassen
gießen	er gießt	er goss	er hat gegossen
reißen	er reißt	er riss	er hat gerissen

2 Schreibe die Wörter geordnet auf:
Verbformen mit **ss:** *wissen, …*
Verbformen mit **ß:** *er weiß, …*

3 Diese Wörter gehören zu vier verschiedenen Wortfamilien.
Stelle sie in einer Tabelle in deinem Heft zusammen.

beißen das Essen der Bissen es fließt schließen
der Schluss essen das Gebiss er schließt flüssig
fließen es beißt sie isst der Fluss das Schloss wir aßen
der Abfluss der Esslöffel verschlossen ein bisschen

beißen	*essen*	*fließen*	*schließen*
der Bissen	*…*	*…*	*…*

4 Schreibe auch zu diesen Verben Wörter aus der Wortfamilie auf.

vergessen fressen messen schießen genießen

● Rechtschreibstrategien anwenden: Mitsprechen
● Arbeit mit Wortfamilien
► Arbeitsheft: Seite 18

Forscheraufgabe

Hier findet ihr die Forscheraufgabe für Seite 86.

Wörter mit s

Den Buchstaben **s** kann man auf zweierlei Weise sprechen:
Das **s** im Wort **Sonne** ist **stimmhaft.**
Das **s** im Wort **Ostern** ist **stimmlos.**

1 Sprecht die beiden Wörter **Sonne** und **Ostern** aus.
Haltet euch dabei die Ohren zu.
Beschreibt, wie sich die **s-Laute** anfühlen.

2 Sprecht euch nun die Wörter **reisen** und **reißen** vor.
Was klingt anders?

3 Sprecht nun die Wörter **reist** und **reißt.**
Was fällt euch jetzt auf?

4 Sprecht diese Bildwörter erst in der Einzahl
und dann in der Mehrzahl deutlich aus.
Achtet dabei vor allem auf die **s-Laute.**

5 Schreibt eine Regel auf, die euch hilft,
die Bildwörter am Wortende richtig zu schreiben.

6 Schreibe die Bildwörter von Aufgabe 4 auf.

Wörter mit s

Bevor ihr hier arbeitet, löst die Forscheraufgabe auf Seite 85.

Manchmal hören sich **s** und **ß** gleich an:
Glas – Spaß, er niest – es fließt.
Wenn man die Wörter **verlängert**, kann man hören, ob man sie mit **s** oder **ß** schreibt: *Gläser – Späße, niesen – fließen.*

1 Welche Wörter schreibt man mit **s**, welche mit **ß**?
Schreibe sie mit einer verlängerten Form auf: *Gruß – grüßen, …*

Gru? Prei? Auswei? gro? Gra? sü? Sto? fie?
blo? nervö? Strau? harmlo? Flei? Ei? Gefä?

2 Verlängere die Verben und schreibe sie in der Personalform und in der Grundform auf: *es bläst – blasen, …*

es bläst sie reist er liest sie rast er niest du grinst
es grast er beweist sie bremst es braust sie saust

3 Schreibe mit Wörtern von Aufgabe 1 und 2 Sätze auf.

4 Schreibe diese Sätze in der Einzahl auf: *Das Kind liest, der …*

Die Kinder lesen, die Kranken niesen.
Die Autos rasen, die Pferde grasen.
Die Omas gern ein Rätsel lösen, die Katzen in der Sonne dösen.
Kinder im Sommer verreisen und am Strand ein Eis verspeisen.

5 Dies sind Wörter mit **s**, die du dir merken musst.
Suche dir von Seite 74 verschiedene Übungsmöglichkeiten aus.

nichts rechts links was aus bis etwas selbst
besonders wenigstens meistens niemals gestern sonst

- Rechtschreibstrategien anwenden
- Stimmhafte und stimmlose Mitlaute unterscheiden

► Lern-Werkstatt: Seite 74
► Arbeitsheft: Seite 24
► Förderheft: Seite 42
► Forderkartei: Nr. 83, 84

Was kann ich nun?

Teste dich doch einmal selbst! Schreibe die Antworten auf.
Sieh dann hinten nach, ob du alles richtig gemacht hast.

1 Welche Wörter schreibt man mit **ss**, welche mit **ß?**
Schreibe sie richtig auf.

die Ta?e ich wei? ich wu?te sie lä?t sie lie? abbei?en

2 Welche Wörter schreibt man mit doppeltem Mitlaut?
Füge f, ff, n, nn, p, pp richtig ein.

die To?e die Tö?e das Schi? schie? die Su?e die Lu?e

3 Welche Wörter schreibt man mit **k**, welche mit **ck**?
Schreibe sie richtig auf.

die Brü?e dun?el die Glo?e wir?lich zurü?

4 Warum wird **kratzen** mit **tz** geschrieben?
a. Weil Verben immer mit **tz** und nicht mit **z** geschrieben werden.
b. Weil vor dem **tz** ein kurzer Selbstlaut steht.

5 Welche Wörter schreibt man mit **z**, welche mit **tz**?
Schreibe sie richtig auf.

die Gren?e der Pel? plö?lich die Gla?e schwar?

6 Welche Wörter schreibt man mit **s**, welche mit **ß**?
Schreibe sie richtig auf.

das Gla? der Spa? er schie?t der Krei? das Gra?

Wörter mit b, d, g

Manchmal hören sich **b, d, g** wie **p, t, k** an:
Dieb, Bad, schräg, er liebt, sie sagt.
Wenn man die Wörter **verlängert,** kann man **b, d, g** deutlich hören: *Diebe, Bäder, schräge, lieben, sagen.*

(1) Schreibe die Substantive in einer verlängerten Form auf:
Zug – Züge, …

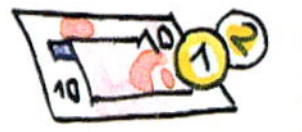

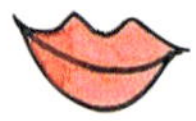

Zug Dieb Bad Hand Bild Kind Wald Rad
Freund Pferd Wand Schild Berg
Herd Zwerg Mund Geld Hemd Burg Feld Sieb

(2) Denke dir zu den Adjektiven passende Substantive aus und schreibe so: *die blonden Haare, …*

blond gelb gesund halb rund wild lieb
grob wütend spannend schräg taub klug blind

(3) Schreibe die Verben in der Personalform und der Grundform auf:
raubt – rauben, …

raubt singt liegt fängt schreibt sagt tobt trägt
biegt lügt hebt springt klingt bleibt fragt lobt

(4) Bilde mit den Verben kurze Sätze, zum Beispiel:
Das Kind singt im Bad.

(5) Suche dir aus jedem Kasten einige Wörter aus und schreibe damit einen Text.

(6) Schreibe zu den Wörtern Wortfamilien auf:
glauben, er glaubt, unglaublich, der Glaube, …

glauben graben
Land lieb Flug

- Rechtschreibstrategien entwickeln
- Wortfamilien bilden

► Arbeitsheft: Seite 25
► Förderheft: Seite 43

Forscheraufgabe

Hier findet ihr die Forscheraufgabe für Seite 90.

Wörter mit silbentrennendem h

(1) Schreibt diese Wörter untereinander auf.

sehen drohen Reihe fliehen gehen
Ruhe frohe muhen Ehe Schuhe

(2) Unterstreicht die Buchstaben **vor** und **nach** dem **h**.

(3) Wie werden diese Buchstaben genannt, die nun unterstrichen sind?

(4) Schreibt die Wörter nun noch einmal mit Trennstrichen neben die Wörter von Aufgabe 1 auf.

(5) Was fällt euch auf, wenn ihr die hinteren Silben betrachtet?

(6) Komische Wörter!
Schreibt die Wörter nun ohne **h**, also fehlerhaft, auf.
Sprecht sie dann einmal aus und beschreibt, wie das klingt.

(7) Überlegt euch eine Regel:
Warum steht in diesen Wörtern ein **h**?
Das kann euch dabei helfen:
Wenn zwei Selbstlaute aufeinandertreffen …
Die zweite Silbe …

(8) Sucht noch weitere Wörter, die ein solches **h** enthalten.
Kontrolliert mit der Wörterliste oder dem Wörterbuch.

Wörter mit silbentrennendem h

Bevor ihr hier arbeitet, löst die Forscheraufgabe auf Seite 89.

Wenn bei zwei Silben zwei Selbstlaute aufeinandertreffen, dann setzt man meistens ein **h** dazwischen: *blühen.* Dieses **h** kann man beim deutlichen Sprechen hören. Es bleibt bei anderen Formen der Wörter erhalten: *sie blüht.*

(1) Stelle die Verben zu Reimpaaren zusammen.
Schreibe sie mit Trennstrichen auf: *blü-hen – glü-hen, ...*

blühen sehen ziehen gehen glühen nähen
fliehen krähen stehen ruhen muhen wehen

(2) Bilde mit den Verben kurze Sätze in der Einzahl, zum Beispiel:
blühen: Die Blume blüht.

(3) Stelle die Wörter zu zweit oder zu dritt zu Reimen zusammen.
Schreibe sie mit Trennstrichen auf: *Nä-he – Krä-he, ...*

Nähe Rehe Schuhe Krähe Mühe Truhe Ehe
Zehe Ruhe Kühe frohe Flöhe Höhe rohe

(4) Zu einigen der Wörter kann man eine kürzere Form bilden.
Schreibe so: *Nähe – nah, Rehe – Reh, ...*

(5) Schreibe die im Text unterstrichenen Verben so auf: *sieht – sehen, ...*

Auf dem Dorf

Juri sieht aus dem Fenster. Der Apfelbaum blüht. Juri zieht seine Schuhe an und geht hinaus. Die Sonne glüht am Himmel. Juri steht im Schatten des Apfelbaums. Eine Krähe kräht ganz in der Nähe. Juri legt sich unter den Baum und ruht sich aus.

(6) Ihr könnt euch den Text diktieren oder ihn abschreiben.

- Rechtschreibstrategien anwenden
- Partnerdiktat

▶ Arbeitsheft: Seite 22
▶ Forderkartei: Nr. 82

Wörter mit und ohne Dehnungs-h

(1) Schreibe diese Wörter ab.
Unterstreiche den Buchstaben nach dem **h**: *zähmen, …*

zähmen Fühler Rahmen Wahl Zahn wehren Huhn Ohr

(2) Ergänze nun die Regel und schreibe sie in dein Heft.

In manchen Wörtern mit einem **langen Selbstlaut** steht ein **Dehnungs-h.**
Dieses **h** kann aber nur vor den **vier Mitlauten** ?, ?, ?, ? stehen.
Ein Dehnungs-**h** kann man beim Sprechen nicht hören.

(3) Suche in der Wörterliste noch weitere Wörter mit **Dehnungs-h.**

hl	*hm*	*hn*	*hr*
kühl	*zahm*	*ohne*	*mehr*
…	…	…	…

(4) Schreibe auch diese Wörter ab.
Unterstreiche die Buchstaben am Wortanfang: *schämen, Tür, …*

schämen Tal schälen Tor Schwan tun schwer Tür

(5) Ergänze nun die Regel und schreibe sie in dein Heft.

Manche Wörter mit **l, m, n, r** haben aber **kein Dehnungs-h.**
Beginnt ein Wort mit einem ? oder mit einem ?,
dann wird es ohne Dehnungs-**h** geschrieben.

(6) Jeweils ein Wort enthält ein **Dehnungs-h.** Schreibe alle Wörter auf.

Scha?l – Za?l me?r – schwe?r Tö?ne – Sö?ne
Fü?ler – Schü?ler Trä?ne – Zä?ne kü?l – schwü?l

Wörter mit ä und äu

Die meisten Wörter, die mit **ä** oder **äu** geschrieben werden, stammen von Wörtern mit **a** oder **au** ab:
der Gärtner – der Garten, er läuft – laufen.

Fleißige Gärtner
Mutter schneidet die Äste der Sträucher und Bäume.
Vater räumt das Gartenhäuschen auf.
Pia wässert die ersten Kräuter und jungen Pflänzchen.
Peter sammelt die letzten welken Blätter auf.
Nur das Kätzchen schläft faul in der Sonne
und träumt von der Mäusejagd.

1 Schreibe zu allen Wörtern mit **ä** und **äu** eine verwandte Form mit **a** und **au** in dein Heft: *Gärtner – Garten, ...*

2 Diktiert euch den Text gegenseitig oder schreibt ihn ab.

3 Sechs Wörter im Kasten werden mit **ä** und sechs mit **e** geschrieben. Suche auch zu jedem Wort mit **ä** eine verwandte Form mit **a**.
Schreibe so: *Berge, ...* *Zähne – Zahn, ...*

B?rge Z?hne Zw?rge H?rbst H?nde W?lder
Schw?mme F?ld K?lte W?lt Z?lt D?cher

4 Zu manchen Wörtern mit **ä** findest du nur schwer ein Wort mit **a**. Suche alle folgenden Wörter in der Wörterliste und schreibe sie auf. Drei Wörter werden mit **e** geschrieben!

Gesch?ft ?rgern d?mlich Qu?lle Gedr?ngel Gel?nder
H?nkel K?fer kl?ffen kr?chzen pl?rren s?lten

5 Schreibe weitere Wörter mit **ä** oder **äu** auf. Schreibe eine verwandte Form mit **a** oder **au** dazu.

Wortbildung: ein oder zwei Mitlaute?

Bei zusammengesetzten Wörtern muss man aufpassen, wenn **zwei gleiche Buchstaben aufeinandertreffen,** denn man muss dann auch beide Buchstaben schreiben: *an-nehmen – annehmen, fahr-Rad – Fahrrad.*

1 Setze die Verben einer Zeile mit dem ensprechenden Worbaustein zusammen: *annehmen, …*

an-	-nehmen	-nähen	-nageln
ab-	-brennen	-brechen	-beißen
zer-	-reißen	-rupfen	-reiben
ver-	-raten	-reisen	-rechnen
aus-	-suchen	-sehen	-sägen
auf-	-fallen	-fordern	-fangen

2 Schreibe mit den Verben Sätze auf.
Benutze dabei die Wörter **soll, kann** oder **darf:**
Von Fremden soll man nichts annehmen.

3 Suche andere Wörter, bei denen zwei gleiche Buchstaben aufeinandertreffen, zum Beispiel: *Fahrrad, …*

4 Diese Wörter werden oft falsch geschrieben: herraus statt heraus.
Setze die Wörter mit den Wortbausteinen **her-** und **hin-** zusammen:
heraus, …
hinaus, …

aus unter auf ein um ab

5 Schreibe die Wörter mit Trennstrichen auf: *he-raus oder her-aus.*
Beides ist erlaubt!

6 Schreibe mit einigen dieser Wörter Sätze auf.

Wichtige Wortbausteine

Vorangestellte Wortbausteine mit v/V

Die Wortbausteine **ver-/Ver-** und **vor-/Vor-** werden mit **v/V** geschrieben: *ver-stehen – verstehen, vor-rechnen – vorrechnen.*

(1) Bilde mit den Wortbausteinen **ver-** und **vor-** zusammengesetzte Verben:
verstehen, ...
Bei manchen Verben passen beide Wortbausteine.

stehen rechnen geben fahren passen lassen
nehmen stecken brennen rücken beugen werfen

(2) Schreibe mit den Verben Sätze.

(3) Suche Substantive mit den Wortbausteinen **Ver-** und **Vor-.**

Nachsilben von Adjektiven

Viele Adjektive enden auf **-ig** oder **-lich:** *mutig, feindlich.* Wenn man solche Adjektive **verlängert,** kann man die Nachsilben meist besser unterscheiden: *mutige, feindliche.*

(4) Bilde aus den Substantiven Adjektive mit **-ig** oder **-lich:** *lustig, ...*
Kontrolliere mit der Wörterliste.

Lust Gefahr Witz Freund Glück Eis Tod Neugier
Gemüt Sonne Natur Locke Feier Gift Matsch Schaden

(5) Schreibe Sätze mit den verlängerten Adjektiven:
Heute weht ein eisiger Wind.

(6) Sucht Adjektive mit der Nachsilbe **-isch,** zum Beispiel: *erfinderisch, ...*

● Besondere Wörter schreiben
► Wörterliste: Seite 136–151
► Arbeitsheft: Seite 28, 29
► Förderheft: Seite 45
► Forderkartei: Nr. 87

Besondere Wörter 1

Fremdwörter

Viele Wörter, die wir benutzen, sind aus **anderen Sprachen** zu uns gekommen, zum Beispiel **Jeans** aus dem Amerikanischen, **Joghurt** aus dem Türkischen und **Diktat** aus dem Lateinischen.

1 Schreibe die Wörter in eine Tabelle:

der Computer das Diktat die Jeans der Joghurt die Spaghetti
der Kakao das T-Shirt das Lineal die Mathematik der Tee
der Ketchup das Trikot der Kaffee der Pullover die Pizza

Kleidung	*Essen/Trinken*	*Dinge in der Schule*
die Jeans	*…*	*…*

2 Bilde Sätze, in denen möglichst viele dieser Wörter vorkommen.

Wörter mit f/F und pf/Pf

3 Sprecht euch diese Zungenbrecher deutlich vor.
Diktiert sie euch dann gegenseitig.

Fünf pfiffige Fohlen fielen in eine Pfütze.
Fünfzehn flinke Pferde fegten über das Pflaster.

4 Schlage die Wörter in der Wörterliste unter **f/F** und **pf/Pf** nach und schreibe sie mit den Seitenzahlen auf: *Pfanne – S. 145, …*

?anne ?lücken ?ratze ?ote ?eifen ?legen ?els
?irsich ?laume ?esseln ?lechten ?au ?eil ?loh ?licht

Besondere Wörter 2

Wörter mit ai und chs

Es gibt nicht viele Wörter mit **ai** und **chs.**
Du musst sie dir merken.

(1) Schreibe die Wörter geordnet auf:
Wörter mit **ai**: *Mai, …* Wörter mit **chs**: …

Mai Fuchs Eidechse Kaiser sechs Büchse wachsen
Hai wechseln Mais Wachs Dachs
Echse Laich Lachs Achsel Luchs Ochse

(2) Diktiert euch die Wörter gegenseitig.
Wer diktiert, kontrolliert,
ob das andere Kind alles richtig schreibt.

Gleichklingende Wörter

(3) Besprecht in der Klasse, wann man welches Wort benutzt und schreibt die Sätze vollständig in euer Heft auf:

a. **ist** oder **isst**?
Er ? wirklich nett. – Er ? gerade einen Apfel.

b. **seid** oder **seit**?
Ihr ? reiten gewesen. – Ich reite ? drei Jahren.

c. **war** oder **wahr**?
Das kann ja wohl nicht ? sein. – Das ? aber kalt!

(4) Denkt euch zu den sechs Wörtern von Aufgabe 3 eigene Sätze aus.

(5) Sammelt weitere gleichklingende Wortpaare.

- Besondere Wörter schreiben
- Partnerdiktat

▶ Arbeitsheft: Seite 31
▶ Forderkartei: Nr. 67, 68, 88

Was kann ich nun?

Teste dich doch einmal selbst! Schreibe die Antworten auf.
Sieh dann hinten nach, ob du alles richtig gemacht hast.

1 Schreibe die Bildwörter auf.

2 Welche Wörter schreibt man mit Dehnungs-h?
Schreibe sie richtig auf.

der Schü?ler o?ne die Scha?le die Tü?r kü?l das Hu?n

3 Welche Wörter schreibt man mit **g**, welche mit **k**?
Schreibe sie richtig auf.

er krie?t sie zan?t sie fra?t es stin?t er ma? sie hin?t

4 Welche Wörter werden mit ä, welche mit e geschrieben?
Schreibe sie richtig auf.

die H?nde die Z?lte die K?lte die Zw?rge s?lten ?rgern

5 Welcher Buchstabe fehlt hier? Schreibe die Wörter richtig auf.

ge?en se?en die Ru?e die Schu?e blü?en glü?en

6 Warum schreibt man verreisen mit **rr**?

7 Schreibe Wörter mit **ver-/Ver-** und Wörter mit **vor-/Vor-** auf.

8 Schreibe Adjektive mit den Nachsilben **-lich** und **-ig** auf.

9 Schreibe Wörter mit **ai** und mit **chs** auf.

Sprach-Werkstatt

(1) Ist es nicht merkwürdig, dass es ***die*** *Ziege*, aber ***das*** *Schaf* heißt?
Welche Artikel zu Substantiven gehören, kann man an den Substantiven selbst nicht erkennen, das muss man gelernt haben und wissen.
Wenn ihr es nicht wisst, schlagt in der Wörterliste nach.
Sprecht die Tierwörter mit Artikel.

(2) Schreibe sie dann so auf. Von jeder Sorte gibt es fünf:
a. Tiere mit dem Artikel der: der Fisch, …
b. Tiere mit dem Artikel die: die Ziege, …
c. Tiere mit dem Artikel das: das Rind, …

Wortbausteine

Ein Wort kann aus mehreren Teilen zusammengesetzt sein. Diese Teile nennt man auch **Wortbausteine**.
Der wichtigste Wortbaustein ist der **Wortstamm**. Wörter mit dem gleichen Wortstamm gehören zu einer **Wortfamilie**.
Manchmal verändert sich der Wortstamm auch.
lesen, gelesen, leserlich, Lesebuch, er liest

(1) Hier sind die Wörter von drei Wortfamilien durcheinander geraten. Ordne die Wörter den entsprechenden Wortfamilien zu und unterstreiche die Wortstämme.
kaufen, … *raten, …* *Schaden, …*

kaufen raten Schaden verkaufen schädlich
er riet Kaufhaus Schädling ratlos Wasserschaden
Verkäuferin Ratschlag schadet Einkauf verräterisch

Durch vorangestellte Wortbausteine (**Vorsilben**, ganze **Wörter**) oder durch nachgestellte Wortbausteine (**Endungen, Nachsilben,** ganze **Wörter**) kann sich die Bedeutung eines Wortes verändern.
lesen: verlesen, ablesen, Leser, leserlich, Leserbrief

(2) Bilde mit den Wörtern möglichst viele neue Wörter mit einem vorangestellten Wortbaustein. *fahren – anfahren, Autofahrt, …*

fahren schreiben rechnen sehen laufen zahlen feiern

(3) Bilde möglichst viele neue Wörter mit einem nachgestellten Wortbaustein. *fahren – Fahrschule, fahrig, …*

(4) Bilde Wörter die einen vorangestellten und einen nachgestellten Wortbaustein enthalten.

► Das Fahrrad und andere Erfindungen: Seite 37
► Feuer: Seite 53
► Rechtschreib-Werkstatt: Seite 94

Substantive: Singular (Einzahl) und Plural (Mehrzahl)

Die Pluralform der meisten Wörter musst du lernen. Und wenn du sie nicht kennst, musst du in einem Wörterbuch nachschlagen.

(1) Schreibe die Tierwörter von Seite 98 auch im Plural auf und unterstreiche dabei, woran du den Plural erkennst.
die Fische, die Ziegen, die Rinder, …

Beachte: Bei einem Tier sieht der Plural genauso aus wie der Singular!

(2) Du hast gemerkt: Es gibt ganz verschiedene Arten des Plurals. Sucht gemeinsam Substantive mit folgenden Pluralendungen und schreibt sie auf:
-e: der Witz – die Witze, …
-s: das Etui – die Etuis, …
-en/-n: die Ente – die Enten, …
-er: das Haus – die Häuser, …

Substantive können im **Singular** (Einzahl) und im **Plural** (Mehrzahl) stehen: *der Hund – die Hunde*.
Pluralendungen können sein:
-e: *Hunde*, -s: *Zebras*, -en/-n: *Spatzen/Enten*, -er: *Rinder*.
Manche Substantive haben einen Plural mit Umlaut **und** Endung: *Kühe*.
Einige Substantive haben aber **nur den Singular**: *das Obst*.
Und manche haben **nur den Plural**: *die Eltern*.

(3) Ordne die folgenden Substantive richtig ein und schreibe kurze Sätze auf:
a. Substantive nur mit Singular: *Das Obst ist reif.*
b. Substantive nur mit Plural: *Die Eltern sind verreist.*

Obst Eltern Masern Ferien Schnee Laub
Leute Wut Langeweile Shorts

(4) Suche weitere Substantive mit dem Plural **-e, -n, -en, -s** und mit Umlauten. In der Wörterliste findest du sie.

▶ Wörterliste: Seite 136–151

Der bestimmte und der unbestimmte Artikel

Die Wörter *der, die, das* nennt man **bestimmte** Artikel.
Die Wörter *ein* und *eine* nennt man **unbestimmte** Artikel.

Wie viele Kinder?
Ein Mädchen läuft über den Schulhof.
Ein Junge steht an der Mauer.
Ein Mädchen geht zu der Mauer und
ein Junge bekommt etwas gezeigt.

Genauso viele Kinder?
Ein Mädchen läuft über den Schulhof.
Ein Junge steht an der Mauer.
Das Mädchen geht zu der Mauer und
der Junge bekommt etwas gezeigt.

1 Woran mag es wohl liegen, dass in den Texten unterschiedlich viele Kinder vorkommen? Sprecht darüber.

Der **unbestimmte** Artikel sagt meistens,
dass etwas noch **unbekannt** und **neu** ist.
Der **bestimmte** Artikel sagt meistens,
dass etwas **bekannt** ist und **dasselbe** gemeint ist.

2 Schreibe den folgenden Text auf. Setze **ein** oder **der** ein.
a. Es sollen nur ein Fisch und ein Frosch darin vorkommen.
b. Es sollen zwei Fische und zwei Frösche darin vorkommen.

In unserem Teich schwimmt ? Fisch herum.
Auf einem Blatt sitzt ? Frosch.
Als ich an den Teich komme, springt ? Frosch ins Wasser,
und ? Fisch taucht auf und schnappt nach einer Mücke.

► Tiere im Wasser: Seite 22, 23

Substantive werden großgeschrieben

Substantive bezeichnen **Lebewesen** und **Gegenstände** die wir mit unseren Sinnen wahrnehmen können.
Substantive bezeichnen auch das, was wir **fühlen** oder uns **vorstellen**: Gefühle, Gedanken, Ideen.
Lebewesen/Gegenstände: Opa, Tisch, Hase, Baum, ...
Gefühle/Gedanken/Ideen: Spaß, Minute, Weihnachten, ...

1 Schreibe die Wörter mit den Artikeln **der, die, das** oder **ein, eine** und ordne sie: *Gegenstände: eine Armbanduhr, ...*
Gefühle: das Heimweh, ...
Vorstellungen: der Monat, ...

Armbanduhr Heimweh Monat Freude Geburtstag Wut
Blumenstrauß Stunde Kette Ferien Ring Traurigkeit

Zwischen **Artikel** und **Substantiv** steht manchmal ein **Adjektiv**: *der bissige Hund*.
Der Artikel gehört aber zum Substantiv und nicht zum Adjektiv. Deswegen wird das **Adjektiv kleingeschrieben**.

2 Bilde Sätze wie im Beispiel: *Die nächste Woche wird schön.*

DIE NÄCHSTE WOCHE
DIE SILBERNE KETTE
DER LIEBSTE WUNSCH
DIE LUSTIGE PARTY
DER KLEINE HAUFEN
DIE GROßE LANGEWEILE
DER SCHÖNE MORGEN
DIE SCHLIMMEN SCHMERZEN

3 Schreibe die Sätze richtig in dein Heft: *Ich übe auf ...*

ICH ÜBE AUF MEINEM NEUEN COMPUTER.
OFT MACHE ICH EINEN DUMMEN FEHLER.
DANN BEKOMME ICH DIE KALTE WUT.

Nachsilben von Substantiven

Gesund-heit!

-heit, -keit:	gesund sauber gemein flüssig
-ung, -nis:	wohnen finster entschuldigen geheim

(1) Bilde aus den Wörtern Substantive,
indem du die richtigen Nachsilben anhängst: *Gesundheit, …*

Paula lag mit einer ? im Bett.
Deswegen musste ihre Mutter eine ? schreiben.
Dabei hätte sie so gern am Klassenausflug teilgenommen.
Das wäre sicher ein tolles ? gewesen!
Aber der Arzt hatte ihr keine ? gegeben.
So konnte sie an dem wichtigen ? nicht teilnehmen. Schade!

(2) Schreibe den Text ab und setze die fehlenden Substantive ein.
Du musst sie aus diesen Wörtern bilden:
entschuldigen, ereignen, erleben, erlauben, erkälten.

Viele Substantive kann man an bestimmten **Nachsilben** am Ende eines Wortes erkennen:
-ung: Entschuldigung, … *-heit: Klugheit, …* *-keit: Höflichkeit*
-nis: Hindernis, … *-schaft: Verwandtschaft, …*
Alle Wörter mit diesen **Nachsilben** werden **großgeschrieben**.

(3) Bilde mit jeder dieser Nachsilben Substantive und schreibe sie auf.

-ung:	erfinden	retten	üben	kleiden
-heit:	frech	frei	faul	krank
-keit:	dankbar	gemütlich	fröhlich	verständlich
-nis:	ergeben	gefangen	zeugen	verstanden
-schaft:	Freund	Feind	eigen	gemein

(4) Kennst du auch Substantive mit **-elei, -erei** wie *Mogelei*? Schreibe sie auf.

Substantive und ihre Formveränderung im Satz

Die **Substantive** können in **vier verschiedenen Formen** (Fällen) gebraucht werden:

Nominativ (1. Fall) **Wer oder was?** *Der Esel war schon sehr alt.*

Genitiv (2. Fall) **Wessen?** *Das Futter des Esels war sehr teuer.*

Dativ (3. Fall) **Wem?** *Der Bauer konnte dem Esel kein Futter geben.*

Akkusativ (4. Fall) **Wen oder was?** *Da trieb es den Esel nach Bremen.*

1. Ihr kennt vielleicht das Märchen *Die Bremer Stadtmusikanten*. Lest die Sätze vor, setzt **den** oder **einen** ein und sprecht die Artikel deutlich aus:

Die vier Bremer Stadtmusikanten – Wen? Was? (Akkusativ)
Unterwegs traf der Esel zuerst einen Jagdhund.
Dann trafen die beiden den „Bartputzer“,
eine alte Katze also.
Und zum Schluss trafen sie ein ? Hahn.
Nach einiger Zeit erreichten die vier d ? Wald.
Dort sahen sie ein ? Bauernhof.
Und darin bemerkten sie ein ? Haufen Räuber.

2. Lest vor, wie es weitergeht. Setzt **dem** oder **einem** ein:

Die Bremer Stadtmusikanten vor dem Räuberhaus – Wem? (Dativ)
Der Hund stand auf dem Esel.
Die Katze saß auf dem Hund.
Der Hahn stand auf d ? Rücken der Katze.
Alle vier standen auf d ? Misthaufen
vor d ? Fenster – und erschreckten die Räuber
mit ein ? fürchterlichen Konzert.

- Die 4 Fälle gebrauchen

► Arbeitsheft: Seite 34, 35
► Förderheft: Seite 46
► Forderkartei: Nr. 89, 90

(3) Setzt beim Lesen die Artikel **des, der, eines** und die Substantive ein:

Wie es den Räubern erging – Wessen? (Genitiv)
Die Räuber hörten das Geschrei d ? Esels.
Sie fürchteten sich vor dem Gebell d ? Hundes.
Sie hielten sich die Ohren zu bei dem Miauen d ? Katze.
Sie hatten Angst vor dem Krähen d ? ? – und dachten,
sie seien in die Hände ein ? ? geraten.
Da rannten sie in das Dunkel d ? ? hinaus.

Hahn
Gespenst
Wald

(4) Setzt beim Lesen hier die Artikel **der, dem, den** oder **einen** ein:

Was die Bremer Stadtmusikanten taten – Wer?/Wem?/Wen oder Was? (Nominativ, Dativ oder Akkusativ)
Sie fraßen d ? Kuchen und tranken d ? Wein.
Dann suchte sich jeder ein ? Schlafplatz.
D ? Esel legte sich auf d ? Misthaufen vor d ? Haus.
D ? Hund lag hinter d ? Türpfosten.
Die Katze schlief auf d ? Herd,
und der Hahn setzte sich ganz oben auf d ? Balken.

(5) Setzt beim Lesen **der, dem, den, einem** oder **einen** ein.

Wie sie die Räuber vertrieben – Wer?/Wem?/Wen oder Was? (Nominativ, Dativ oder Akkusativ)
Ein Räuber ging an d ? Herd.
Da sprang ihm die Katze auf d ? Kopf.
Ein Räuber rannte aus d ? Haus.
Da biss ihm d ? Hund in d ? Fuß.
D ? Räuber flüchtete an d ? Misthaufen vorbei.
Da versetzte ihm d ? Esel ein ? Tritt.
Da rannten alle Räuber aus d ? Wald –
und wurden nie mehr gesehen.

(6) Suche dir zwei der Texte aus und schreibe sie ab.

► Arbeitsheft: Seite 34, 35
► Förderheft: Seite 46
► Forderkartei: Nr. 89, 90

Adjektive

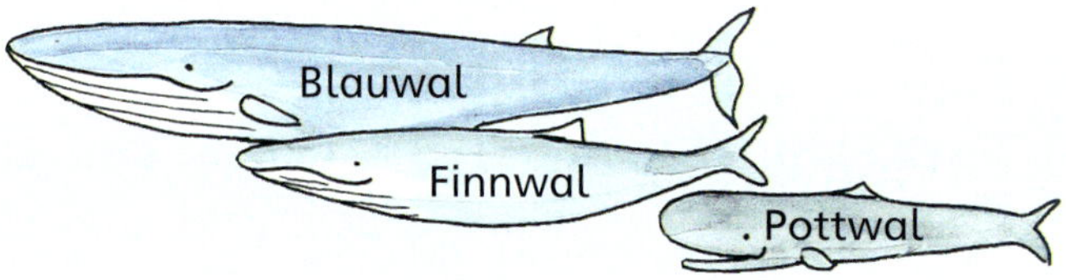

(1) Vergleiche diese Bilder und setze die Wörter in den Text ein.

größer halb so groß genauso groß größten kleiner kleinen

Wale

Einige Wale gehören zu den ? Säugetieren der Erde. Der Blauwal ist mit seinen 30 Metern ? als alle anderen Tiere. Wesentlich ? ist mit rund 23 Metern der Finnwal. Der Pottwal ist nur ? wie der Blauwal. Die Delfine gehören zu den ? Walen. Der Gemeine Delfin ist ? wie der Fleckendelfin.

(2) Lies den Text über den Wettlauf. Setze die Wörter **als** oder **wie** ein.

(3) Schreibe die Sätze auf.

Wettlauf

Tim ist schneller ? Tom.
Leo ist genauso schnell ? Phillip.
Cadir ist schneller ? Tom.
Leo und Phillip sind schneller ? Cadir und Tom.
Tim ist schneller ? Leo und Phillip.

Mit Adjektiven kann man **vergleichen**.
Sie haben eine **Grundform**: *groß*.
Die **Vergleichsstufen** sind: *größer, am größten*.
Wenn Adjektive **gesteigert** werden, heißt es *als*:
größer als, schneller als, …
Wenn sie **nicht gesteigert** werden, heißt es *wie*:
so groß wie – aber auch: *doppelt so groß wie*.

▶ Tiere im Wasser: Seite 24
▶ Arbeitsheft: Seite 36
▶ Förderheft: Seite 12

Die Pronomen

Pronomen sind kleine Wörter, die wir **für Substantive** einsetzen können. So müssen die Substantive in einem Text nicht ständig wiederholt werden.
Die Pronomen sind:
ich *(mir, mich),* ***du*** *(dir, dich),* ***er*** *(sich, ihm, ihn),* ***sie*** *(sich, ihr),* ***es*** *(sich, ihm),* ***wir*** *(uns),* ***ihr*** *(euch),* ***sie*** *(ihnen).*

1 Setze für die unterstrichenen Namen immer eines der folgenden Pronomen ein: **ich, er, sie, dir, ihr, ihn.**
Deswegen ruft sie Paul an. …

Julia kann ihre Hausaufgaben nicht allein machen.
Deswegen ruft Julia Paul an. Paul muss Julia unbedingt helfen.
Paul mag Julia gern. Und Julia mag Paul auch.
Deswegen kommt Paul auch gleich zu Julia nach Hause.
„Julia kann das nicht!“, sagt Julia. „Dann muss Paul es Julia eben zeigen“, sagt Paul.

2 Setze die passenden Wörter ein: **dir, dich, mir, mich, uns, euch.**
Ich helfe dir …

Ich helfe ? , denn ich mag ? .
Und du hilfst ? , denn du magst ? auch.
So helfen wir ? gegenseitig.
Und ihr? Helft ihr ? auch gegenseitig?

3 Setze **mir** oder **mich** ein:

Ich dusche ? . Das macht ? Spaß!
Dann trockne ich ? ab und kämme ? die Haare.
Ich setze ? an den Frühstückstisch.
Das Brötchen schmeckt ? gut.
Dann muss ich ? aber beeilen,
denn sonst fährt ? der Bus davon.

Verben sind ganz besondere Wörter

(1) Wenn ihr ein Verb hört, habt ihr gleich eine kleine Geschichte im Kopf. Was denkt ihr zum Beispiel bei dem Verb *schreiben*? Schreibt einmal alle einen Satz mit dem Verb *schreiben* auf.

(2) Lest euch eure Sätze vor.

(3) Schreibe kurze Sätze mit diesen Verben auf.
In ihnen muss etwas getan werden, etwas geschehen oder ein Zustand beschrieben werden:
David lernt englische Wörter. …

lernen | malen | regnen | blühen | wohnen | schlafen

Verben sind Wörter, die uns sagen **was geschieht** oder **was ist**. Sie bezeichnen eine **Handlung**, ein **Ereignis** oder einen **Zustand**.

Das Kind spielt.
Der Baum wächst in die Höhe.
Der Junge liebt spannende Bücher.

(4) Schreibe auch zu diesen Verben kurze Sätze auf.
Der Junge isst sein Pausenbrot.

essen | fahren | donneren | fallen | liegen | stehen

► Arbeitsheft: Seite 38

Wortfelder aus Verben

Wörter, die etwas Ähnliches bedeuten,
gehören zu einem **Wortfeld**.
Zum Wortfeld **sprechen** gehören: *reden, rufen, flüstern, …*
Zum Wortfeld **sehen** gehören: *schauen, gucken, blinzeln, …*

1. Sammelt noch weitere Wörter zum Wortfeld **sprechen**.

sprechen quasseln reden schreien flüstern schimpfen
antworten fragen brüllen tuscheln rufen

2. Setze die passenden Verben aus dem Wörterkasten ein.

Das Wortfeld sprechen

a. Sprich doch leise und ? nicht so laut!
b. Ich ? dir etwas ins Ohr, was die anderen nicht hören dürfen.
c. Ihr beiden da, müsst ihr denn immerzu miteinander ? ?
d. ? doch nicht mit mir, ich habe doch gar nichts getan!
e. Wenn du etwas nicht weißt, kannst du ja ? .
f. Wenn ich es weiß, dann ? ich dir auch darauf.

3. Lest euch die Sätze vor und vergleicht sie miteinander.

4. Schreibe die Sätze richtig auf. Setze die Verben ein.

Das Wortfeld sehen

a. Wir ? uns die Tiere im Zoo an.
b. Ich ? vor allem die Seelöwen beim Schwimmen.
c. Der eine Seehund ? mir beim Auftauchen zu.
d. Zum Schluss ? wir das Aquarium.

beobachten
blinzeln
besichtigen
schauen

5. Ordne diese Verben den Wortfeldern **lachen** und **weinen** zu.
Ergänze danach eigene Beispiele.

kichern grinsen heulen jammern lächeln plärren schmunzeln

Die Zeitformen

Der Frosch

Ich gehe an den Bach
und fange einen Frosch.
Ich nehme ihn in die Hand,
doch plötzlich schwimmt er weg.

Die Katze

Die Katze sitzt im Gras,
frisst eine kleine Maus.
Dann putzt sie sich den Bart.
Das nutzt der Maus nichts mehr.

1. Wenn du die beiden Texte im Perfekt aufschreibst, werden Gedichte daraus: *Ich bin an einen Bach gegangen …*

Reiten

Am letzten Sonntag bin ich auf einem Pony ausgeritten.
Auf einmal sind wir über einen Graben gesprungen.
Und da bin ich mitten hinein gefallen.
Das Pony hat nur noch laut geschnaubt.
Dann habe ich es am Zügel nach Hause geführt.
Dort habe ich mich von oben bis unten gewaschen.

2. Schreibe diese Geschichte im Präteritum auf: *Am letzten Sonntag ritt ich auf einem Pony aus. …* An ein oder zwei Stellen möchtest du aber vielleicht das Perfekt stehen lassen, weil es dir besser gefällt.

Verben können in verschiedenen **Zeitformen** stehen:

im **Präsens**:	*ich reite*	*ich wasche mich*
im **Perfekt**:	*ich bin geritten*	*ich habe mich gewaschen*
im **Präteritum**:	*ich ritt*	*ich wusch mich*

Das **Präsens** gebrauchen wir vor allem, wenn wir über etwas sprechen oder schreiben, was in der **Gegenwart** geschieht.
Das **Perfekt** gebrauchen wir meistens dann, wenn wir über etwas **Vergangenes sprechen**.
Das **Präteritum** verwenden wir meistens dann, wenn wir über etwas **Vergangenes schreiben**.

Einkaufen früher

Frau Bruns steht ganz allein im Laden.
Sie unterhält sich erst einmal mit dem Kaufmann Jakobus.
Dann lässt sie sich eine Tüte Zucker abwiegen.
Der Kaufmann schneidet ein Stück Butter ab und wickelt es ein.
Das geht alles ganz gemütlich zu.
Herr Jakobus nimmt sich viel Zeit für seine Kunden, viel Zeit.

3 In einem Kaufmannsladen ging es früher ganz anders zu als in einem Supermarkt heute. Schreibe den Text um. Man soll erkennen, dass alles in der Vergangenheit spielt. *Frau Bruns stand ganz allein im Laden. …*

4 Setze beim Abschreiben des folgenden Textes der Reihe nach die Verben ein. Du hast immer zwei Möglichkeiten. Suche dir eine aus:

a. wird … aussehen	*sieht … aus*
b. werden … aussuchen	*suchen … aus*
c. werden … abholen	*holen … ab*
d. werden … vorbeifahren	*fahren … vorbei*
e. werden … bezahlen	*bezahlen*
f. haben werden	*haben*

In 100 Jahren

a. Wie ? es wohl in 100 Jahren ? ?
b. Vielleicht ? wir dann unsere Sachen am Computer ? .
c. Dann ? wir sie nur noch aus dem Geschäft ? .
d. Oder wir ? mit dem Auto an riesigen Regalen ? ,
e. und an der Kasse ? wir dann ? .
f. Ob wir daran aber noch Spaß ? ?

Es gibt eine Zeitform, die wir nur selten gebrauchen: das **Futur**.
Mit dem Futur können wir sagen,
dass etwas in der **Zukunft** geschieht.
Das Futur wird mit dem Hilfsverb **werden** gebildet:
kommen: Ich werde ganz bestimmt kommen.
sehen: Wir werden ja sehen!

Satzglieder

(1) Spielt einmal Umstellproben vor der Klasse:
Acht Kinder bekommen je eine Wortkarte mit einem Wort.
Ein Kind bekommt die Karte mit dem Punkt.
Dann stellen sich alle so auf, dass ein Satz entsteht.

(2) Stellt euch dann einmal oder zweimal so um, dass andere Kinder mit ihren Wortkarten am Satzanfang stehen. Kinder, die bei den Umstellungen zusammenbleiben, fassen sich an.

(3) Jetzt stellt sich das Kind mit dem Fragezeichen ans Ende des Satzes. Nun müssen sich die anderen Kinder noch einmal umstellen.

(4) Probiert Umstellproben in Tischgruppen aus. Die Wörter werden auf sieben Wortkarten geschrieben. Bildet einen Satz mit diesen Wörtern. Verschiebt dann die Wörter so, dass drei verschiedene Satzanfänge entstehen.

ER VOR BAUCH PAUKE TRUG SEINEM EINE

Wörter eines Satzes, die man allein oder gemeinsam **an den Satzanfang** stellen kann, heißen **Satzglieder**.
Ein Satzglied kann aus einem einzigen Wort oder aus mehreren Wörtern bestehen.
Durch **Umstellproben** bekommt man heraus, aus wie vielen Satzgliedern ein Satz besteht.

(5) Stellt noch einmal fest: Aus wie vielen Satzgliedern bestehen die beiden Sätze, mit denen ihr Umstellproben durchgeführt habt?

Umstellproben – einen Text verbessern

Im Zirkus

a. Ein Clown trommelte auf einer Pauke herum.
b. Ein zweiter Clown kam auf einmal dazu.
c. Er hatte Kopfhörer auf den Ohren.
d. Er konnte deswegen nichts hören.
e. Er sprang wie ein Verrückter herum.
f. Den ersten Clown ärgerte das ganz schrecklich.
g. Er schlug wütend auf seine Pauke.
h. Der andere tanzte aber einfach weiter.
i. Der erste Clown kriegte plötzlich die Wut.
j. Er stülpte dem anderen die Pauke über den Kopf.
k. Er tanzte jetzt aber unter der Pauke weiter.
l. Er stieß am Schluss den ersten Clown einfach um.
m. Er blieb am Boden heulend liegen.

1 Viele Sätze fangen mit **Er** an. Wenn du bei manchen Sätzen andere Satzglieder an den Anfang stellst, dann wird der Text besser. Einige Satzglieder, die du an den Anfang stellen sollst, sind schon unterstrichen. Bei anderen musst du es dir selbst überlegen.

2 Lest euch eure Texte gegenseitig vor. Achtet darauf, wie es die anderen gemacht haben.

In einem Text kommt es sehr darauf an, an welchen Stellen die Satzglieder in einem Satz stehen. Besonders die **Satzanfänge** sind für einen guten Text wichtig. Durch **Umstellproben** kann man einen Text oft **verbessern**.

3 Aus wie vielen Satzgliedern bestehen die Sätze f und j?
Das / ärgerte / den ersten Clown …

4 Bestimme die Satzglieder in den Sätzen g bis i.

Subjekt und Prädikat

Charlottes Traum
Charlotte schläft.
Sie fantasiert:
Ich fliege!
Die Sonne scheint.

Eine dicke Wolke kommt.
Ein Blitz zuckt.
Charlotte erschrickt.
Sie wacht auf.

Alle Sätze enthalten ein **Prädikat** und fast alle ein **Subjekt**.
Das **Subjekt** sagt aus, **wer** es ist, der etwas tut.
Es enthält meistens ein **Substantiv** oder ein **Pronomen**.
Der Junge malt. *Er malt.*
Das **Subjekt** kann man mit **wer** oder **was** erfragen:
Wer malt? – Der Junge malt. *Was ist toll? – Das Bild ist toll.*
Das **Prädikat** sagt aus, was jemand **tut** oder was **passiert**.
Es besteht immer aus einem **Verb**. Manchmal besteht es aus zwei Wörtern.
Klara liest. *Ich fahre mit dem Bus weg.*
Klara hat das Buch gelesen.

1. Schreibe die Sätze oben ab. Unterstreiche das Subjekt und das Prädikat. Manchmal bestehen sie aus mehreren Wörtern.

Charlotte träumt weiter
Sie steuert ein Flugzeug.
Darin fliegt sie in ferne Länder.
Das Flugzeug fliegt hoch über den Wolken.
Dann landet es in einem Fantasieland.
Und da wacht Charlotte leider wirklich auf.
Der Wecker hat sie nämlich geweckt.

2. Schreibe den Text ab und unterstreiche die Subjekte. Frage immer: Wer oder was tut etwas?

3. Unterstreiche die Prädikate. Manchmal bestehen sie aus zwei Wörtern.

- Satzglieder erfragen
- Satzglieder abschreiben

► Arbeitsheft: Seite 41
► Förderheft: Seite 24
► Forderkartei: Nr. 46

Satzergänzungen

In den meisten Sätzen gibt es außer dem Subjekt und dem Prädikat noch andere Satzglieder: Es sind die **Ergänzungen**.
Durch Fragewörter kann man sie erfragen:
*Der Schäfer treibt (**wen oder was?**) <u>die Schafherde</u> voran.*
*Der Hund hilft (**wem?**) <u>ihm</u> dabei.*
*Die Schafe stehen (**wo?**) <u>auf der Wiese</u>.*
*(**Wann?**) <u>Heute</u> müssen sie wieder zurück in den Stall.*
*Der Hund folgt (**wie?**) <u>wachsam</u> der Schafherde.*

Der Schäfer hütet die Schafe.
Sie folgen dem Schäfer.
Der Schäfer besitzt einen Hütehund.
Er hilft dem Schäfer.
Er umkreist die Schafe.
Er treibt die Schafe voran.
Die Schafe kennen ihn.
Im Winter stehen die Schafe im Stall.
Im Frühjahr werden die Schafe geschoren.
Die Wolle ist weich und kuschelig.

(1) Schreibe die Sätze ab. Unterstreiche erst alle Subjekte und Prädikate. Unterstreiche dann alle Ergänzungen.

(2) Setze sinnvolle Ergänzungen ein. Schreibe die Sätze auf.

Mein Vater erntet ? die Äpfel.
Ich werde ? dabei helfen.
Meine Mutter hat ? gebacken.
Der schmeckt ? .
? habe ich Geburtstag.
Ich wünsche mir ? .
Den lasse ich ? steigen.
Das macht ? großen Spaß.

süß | einen Drachen | ihm | im Garten | einen Kuchen | Freitag | mir | in den Ferien

(3) Unterstreiche die Ergänzungen.
Wie heißen die Fragewörter zu den Ergänzungen?

Subjekt – Prädikat – Ergänzung

Hier sind die Sätze eines Textes zu einer Bühne aufgebaut.
Die Mitspieler der Verben stehen links und rechts auf der Bühne.

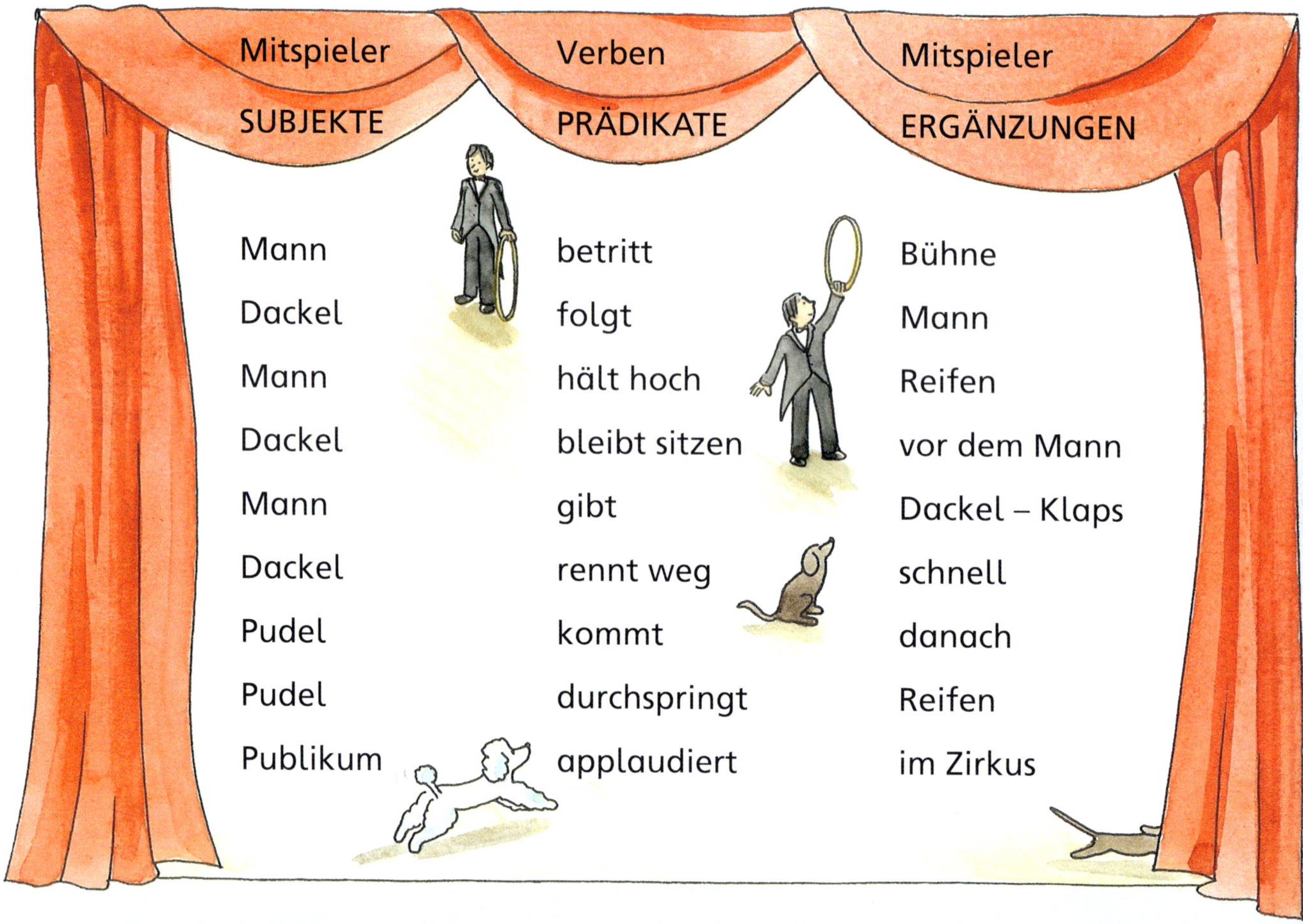

Mitspieler SUBJEKTE	Verben PRÄDIKATE	Mitspieler ERGÄNZUNGEN
Mann	betritt	Bühne
Dackel	folgt	Mann
Mann	hält hoch	Reifen
Dackel	bleibt sitzen	vor dem Mann
Mann	gibt	Dackel – Klaps
Dackel	rennt weg	schnell
Pudel	kommt	danach
Pudel	durchspringt	Reifen
Publikum	applaudiert	im Zirkus

1 Sprecht zuerst einmal die einzelnen Sätze dieser Szene.
Manchmal müsst ihr noch andere Wörter hinzufügen.
Ein Mann betritt die Bühne.
Ein Dackel folgt dem Mann. oder *Dem Mann folgt ein Dackel.*

2 Schreibe die ganze Szene in vollständigen Sätzen auf.

3 Unterstreiche in allen Sätzen die Ergänzung.

4 Lies deine Sätze einem anderen Kind ohne Satzergänzung vor.
Dein Partnerkind stellt die Frage nach der Ergänzung. Antworte darauf.

Kommas und Punkte

Zwischen Wörtern, mit denen man etwas **aufzählt**, werden **Kommas** gesetzt: *Im Schrank sind Töpfe, Teller, Tassen.* Vor **und** und **oder** setzt man kein Komma:
Im Besteckfach liegen die Messer, Gabeln und große Löffel.
Du kannst Nudeln, Suppe oder Pizza essen.

(1) Lest euch erst den Text vor – und lest dabei die Kommas mit:
Die Schülerinnen (Komma) Schüler (Komma) ...

Müllsammlung im Wald
Die Schülerinnen Schüler Lehrerinnen Lehrer und Eltern haben den Wald von Fuchsdorf von Unrat befreit. Sie sammelten in Gräben auf Wegen unter Bäumen oder am Waldrand alles Mögliche auf. Sie fanden vor allem Papierreste Flaschen Kartons Blechdosen Plastiktüten und Scherben.
Sogar ein alter Stuhl eine Luftmatratze ein Autosessel eine Luftpumpe und ein alter Turnschuh wurden eingesammelt.

(2) Schreibe den Text ab und setze die Kommas ein.

(3) Ohne Satzzeichen kann man den folgenden Text kaum verstehen. Lest ihn euch vor und macht Pausen, wo etwas Neues beginnt.

Im Wald liegt alles durcheinander
Getränkedosen liegen im Graben auf den Bäumen
hängen bunte Papierfetzen auf dem Waldboden
sieht man Autoreifen an den Zweigen
blinken die Reste von Plastiktüten im Bach
schwimmen einige tote Fische.
Da könnte man aus der Haut fahren vor Zorn
über solche Umweltsünder!

(4) Schreibe den Text ab. Du kannst nach jedem Satz einen Punkt, aber auch Kommas zwischen die aufgezählten Sätze setzen.

Zeichen der wörtlichen Rede

Elias sagte:	„Ich kann schon alles."	
Redebegleitsatz	*wörtliche Rede*	

„Bist du dir da auch sicher?",	fragte Inka.
wörtliche Rede	*Redebegleitsatz*

„Ganz sicher",	antwortete Elias,	„bin ich mir nicht."
wörtliche Rede	*Redebegleitsatz*	*wörtliche Rede*

Das, was einer sagt, steht in **Anführungszeichen**.
Man nennt es **wörtliche Rede**.
Punkt, **Frage**- und **Ausrufezeichen** gehören zur wörtlichen Rede.
Im **Redebegleitsatz** steht, wer etwas sagt.
Steht der **Redebegleitsatz vorn**, folgt ein **Doppelpunkt**.
Steht der **Redebegleitsatz hinten**, wird er durch ein **Komma** von der wörtlichen Rede abgetrennt.
Steht der **Redebegleitsatz dazwischen**, wird er vorn und hinten durch Kommas abgetrennt.

(1) Lest den Text vor. Ihr könnt auch mit verteilten Rollen lesen.

Der Streit um das Mittagessen
Die Mutter fragt: Was sollen wir morgen essen?
Juri antwortet: Am liebsten Spaghetti!
Immer willst du Spaghetti! Ist das nicht ungesund?
schimpft die Mutter.
Dann musst du mich doch nicht erst fragen!
meckert Juri.
Da muss die Mutter lachen und sagt: Du hast ja Recht.
Mach doch einen Salat zu den Spaghetti!
schlägt Juri vor.
O ja meint die Mutter das machen wir!

(2) Schreibe das Gespräch mit allen Zeichen der wörtlichen Rede auf.
Schreibe so: *Die Mutter fragt: „Was sollen wir morgen essen?" …*

► Arbeitsheft: Seite 46, 47

Was kann ich nun?

Teste dich doch einmal selbst! Schreibe die Antworten auf.
Sieh dann hinten nach, ob du alles richtig gemacht hast.

1 Schreibe den Satz ab. Achte auf die Groß- und Kleinschreibung.
EINES TAGES LIEF EIN AUFGEREGTER HUND AUF MICH ZU.

2 Schreibe auf, was stimmt.
a. Pronomen sind kleine Wörter, man kann sie für Substantive einsetzen.
b. Pronomen sind Wörter, die vor Substantiven stehen.

3 Welche Wörter sind Adjektive? Schreibe sie auf.

DACKEL BISSIG SPIELEN FELL DICK HAARE

4 Schreibe die folgenden beiden Sätze vollständig in dein Heft:

a. Ich bin genauso groß ? mein Bruder.
b. Ich bin größer ? meine Schwester.

5 Schreibe die folgenden Sätze mit den angegebenen Zeitformen auf:

a. spielen,	Präteritum:	*Gestern ? wir gegen die 4b.*
b. spielen,	Präsens:	*Wir ? sonst gar nicht schlecht.*
c. verlieren,	Perfekt:	*Aber gestern ? wir ? .*
d. gewinnen,	Futur:	*Vielleicht ? wir nächste Woche ? .*

6 Aus wie vielen Satzgliedern besteht der folgende Satz?

Im Zirkus zauberte der Zauberer aus seinem Hut einen Hasen.

7 Schreibe einen Satz auf. Das Prädikat soll *schenken*, das Subjekt soll *Vater* sein und die beiden Ergänzungen sollen *Sohn* und *Computer* sein.

8 Schreibe diese Sätze mit den Anführungszeichen auf:
Ines fragte: Spielst du morgen mit? – Ich bin doch krank! sagte Felix.

Schreib-Werkstatt

1 Erzählt euch, was in der Bildergeschichte geschieht.

2 Spielt diese Geschichte mit verteilten Rollen:
Ein Kind ist die Erzählerin oder der Erzähler.
Zwei Kinder spielen den Fuchs und den Storch.

Eine Fabel lesen und untersuchen

Das Äffchen und das Kamel
nach Äsop

1 Das Äffchen und das Kamel kamen zu der großen Versammlung der Tiere. Das Äffchen trat in den Kreis und tanzte. Es machte seine Sache so gut, dass es von allen Tieren Anerkennung erhielt.

2 Das Kamel war neidisch, denn es wollte auch einmal so viel Applaus bekommen wie das Äffchen.
Deswegen sagte es: „So gut wie du, Affe, kann ich schon lange tanzen!"
Das Äffchen antwortete:„Dann versuch es doch! Die Tiere würden sich gewiss auch über deinen Tanz freuen."

3 Das Kamel ging in den Kreis der Tiere hinein und hob stolz seinen Kopf. Aber es verstand nichts vom Tanzen und trampelte nur hin und her. Da wurden die anderen Tiere böse und jagten es davon.

4 Die Fabel zeigt: Es nutzt nichts, auf andere nur neidisch zu sein, man muss auch etwas genauso gut können wie sie.

(1) Lest diese Fabel leise durch und lest sie euch dann gegenseitig vor.

(2) Hier sind Zwischenüberschriften zu den vier Abschnitten der Fabel. Welche passt zu welchem Abschnitt?
Achtung: Eine von ihnen passt ganz und gar nicht!

A Das erfolglose Kamel
B Die Lehre der Fabel
C Das dumme Äffchen
D Das erfolgreiche Äffchen
E Das neidische Kamel

Wie Fabeln gebaut sind

(1) Ihr kennt nun schon einige Fabeln.
Was aber ist an ihnen das Besondere?
Lest euch den folgenden Merkkasten durch.

Fabeln

1 In einer Fabel begegnen sich meistens irgendwo zwei Tiere, die sich wie Menschen verhalten. Das eine ist meistens stark, groß oder hinterlistig, aber dafür böse oder dumm. Das andere ist oft schwächer, aber dafür gut, klug oder erfolgreich.

2 Manchmal geraten die beiden Tiere in einen Streit. Fast immer sprechen sie dabei miteinander. Manchmal will einer den anderen hereinlegen. Manchmal ist einer neidisch auf den anderen.

3 Am Ende ist meistens der Schwächere, aber Schlauere überlegen.

4 Am Schluss wird gesagt, was man aus der Fabel lernen kann.

(2) Vergleicht das, was hier im Kasten steht, mit den beiden Fabeln *Der Fuchs und der Storch* und *Das Äffchen und das Kamel*. Welche der Aussagen zur Fabel findest du in den beiden Geschichten wieder?

Punkt 1: Welche der Tiere könnte man eher als gut oder klug bezeichnen? Welche eher als böse oder dumm?
Punkt 2: Wer will wen hereinlegen oder herausfordern? Wer ist neidisch auf wen?
Punkt 3: Wer ist am Ende in den beiden Fabeln überlegen?
Punkt 4: Was kann man aus den beiden Fabeln lernen? In der Fabel *Das Äffchen und das Kamel* ist das schon gesagt, für die Fabel *Der Fuchs und der Storch* müsst ihr es selbst herausfinden.

Eine Fabel schreiben

Tipps für das Schreiben von Fabeln

Überschrift:	Formuliere eine Überschrift der Fabel.
Anfang:	Überlege dir genau den ersten Satz, denn der ist immer sehr wichtig.
Namen:	In Fabeln werden die Tiere als *Storch, Fuchs, Löwe, Maus, …* bezeichnet, sie bekommen keine Eigennamen.
Wörtliche Rede:	Denke dir aus, was die Tiere in deiner Fabel sprechen.
Zeitformen:	Fabeln werden im Präteritum erzählt. Manchmal kannst du auch das Perfekt verwenden.
Satzanfänge:	Achte darauf, dass nicht alle Sätze mit dem gleichen Wort anfangen. Das finden die Leser manchmal langweilig. Verwende auch Wörter wie *dann, diesmal, auf einmal, aber, …*
Länge des Textes:	Entscheide, wie lang deine Fabel sein soll. Die meisten Fabeln sind recht kurze Texte!
Lehre:	Schreibe am Schluss auf, was man aus der Fabel lernen kann.

(1) Schreibe die Fabel vom Fuchs und vom Storch nach den Bildern auf Seite 120. Beachte die Tipps im Kasten. Du kannst die wörtlichen Reden in den Sprechblasen verwenden. Du kannst dir auch eigene ausdenken. Deine Fabel könnte so beginnen:
Der Fuchs traf den Storch auf einer Wiese. Er sprach zu ihm …

(2) Wenn ihr eure Fabeln nun geschrieben habt,
sollte ihr sie in einer Schreibkonferenz miteinander besprechen.
Dort erfahrt ihr nämlich,
ob die anderen auch alles verstanden haben,
ob sie etwas verbessern möchten
oder Fehler gefunden haben.
Wie ihr eine solche Schreibkonferenz
durchführen könnt, erfahrt ihr auf der nächsten Seite.

Schreibkonferenz: Texte besprechen

Wie ihr eure Fabeln in einer Schreibkonferenz besprechen könnt, seht ihr hier an einem Beispiel.
Die Kinder haben sich in Tischgruppen zusammengesetzt.
Jedes Kind hat die Fabel einer Schülerin kopiert vor sich liegen.
Die einzelnen Kinder haben einige Stellen markiert und kleine Notizzettel an den Rand geklebt.
Auf ihnen steht, was sie daran loben und kritisieren.

Herr Klapper und Herr Listig

Es war einmal ein Fuchs und ein Storch.
Herr Listig, der Fuchs, sagte zum Storch:
„Herr Klapper, ich möchte Sie einmal zum Essen einladen."
Der Storch sagte: „Vielen Dank für die Einladung!"
Als Herr Klapper am nächsten Tag zu Herrn Listig kam, kriegte er einen flachen Teller mit Hühnersuppe.
„Lasst es Euch schmecken!", sagte Herr Listig.
Aber der Storch konnte von dem Teller nichts essen und musste hungrig nach Hause gehen.
Drei Tage später lädt der Storch den Fuchs zum Essen ein.
Er stellt zwei große Flaschen mit Froschschenkelsuppe hin.
Er steckt dann seinen Schnabel hinein und fängt an zu fressen.
Er sagt listig zum Fuchs: „Lasst es Euch schmecken!"
Der Fuchs konnte aber an das Fressen nicht heran und ging hungrig nach Hause.
Der Storch rief dem Fuchs noch nach:
„Vor drei Tagen haben Sie mich reingelegt.
Aber reinlegen, das kann ich auch!"

Das fängt ja wie ein Märchen an!

In einer Fabel haben die Tiere keine Namen!

Die wörtlichen Reden sind gut!

Warum konnte er nichts essen?

Das ist ja jetzt Präsens! Aber Fabeln stehen im Präteritum!

Immer Er, Er, Er! Bisschen abwechseln!

Der Schluss ist super!

Hier fehlt ja die Lehre!

(1) Seht euch die Fabel genau an. Zu welchen Stellen der Fabel haben die Kinder etwas aufgeschrieben?
Manche sind markiert, manche nicht.
Sucht die Stellen im Text, die gelobt und kritisiert wurden.

(2) Überarbeite diese Fabel. Berücksichtige dabei, was die Kinder dazu geschrieben haben.

(3) Lest euch eure Texte gegenseitig vor.

- Einen Text besprechen und überarbeiten

▶ Medien – lesen, hören, sehen: Seite 59

▶ Arbeitsheft: Seite 53, 56, 57

Eine Geschichte zu einer Fabel umschreiben

Der Kleine und der Große

Ein dünnes, kleines Kerlchen und ein dicker Großer gerieten sich darüber in die Haare, wer von beiden schneller laufen könne. Als sie lange genug gestritten hatten, legten sie ein Ziel fest. Bis zum Parktor wollten sie am nächsten Morgen laufen. Ein guter Bekannter des Kleinen besaß aber einen Kiosk. Der Kleine sagte zu ihm: „Morgen früh wird so ein großer Dicker bei dir vorbeilaufen. Wenn er kommt, dann schrei ganz laut: „Pommes mit Ketchup!"
Am nächsten Morgen rannten die beiden los. Der Große hatte bald einen riesigen Vorsprung. Als er am Kiosk vorbeikam, hörte er eine laute Stimme rufen: „Pommes mit Ketchup!"
Weil er ganz sicher war, dass er gewinnen würde, bestellte er eine Tüte Pommes und aß sie in aller Ruhe auf. Davon wurde er müde und merkte nicht, dass der Kleine an ihm vorbeirannte. Als der Dicke am Ziel ankam, war der Dünne schon da. Er lachte den Dicken aus und sagte: …

(1) Daraus soll nun eine Fabel werden!
- Schreibt Tiernamen an die Tafel, die zu den Personen passen könnten. Jetzt kann sich jeder davon drei aussuchen.
- Welche Tiere willst du für den Kleinen und den Großen einsetzen? Und welches Tier für den Bekannten? Denke daran: Auch der Kleine muss ziemlich gut laufen können!
- Für den Kiosk musst du dir natürlich etwas ausdenken, was zu Tieren passt.
- Da Tiere keine Pommes mögen, muss der Große etwas anderes fressen, was ihm gut schmeckt.
- Den Schluss musst du dir selbst ausdenken.

Eine Fabel planen, entwerfen, überarbeiten und präsentieren

(1) **Planen:** Besprecht gemeinsam, wie ihr diese Fabel aufschreiben könnt. Notiert euch Stichwörter.

(2) **Entwerfen:** Schreibe einen Entwurf zu deiner Fabel auf ein Blatt Papier. Beachte die Tipps auf Seite 123. Schreibe deutlich, damit es andere lesen können. Lass einen breiten Rand auf deinem Blatt. Deine Fabel könnte so anfangen:
Ein Pferd, das auf einer Wiese weidete,
sah einen starken Löwen herankommen. …

(3) **Besprechen:** Besprecht eure Fabel-Entwürfe in einer Schreibkonferenz.

(4) **Überarbeiten:** Überarbeite deine Fabel. Schreibe sie gut leserlich und fehlerfrei auf. Du kannst sie auch auf dem Computer schreiben.

(5) **Präsentieren:** Lest euch eure Fabeln gegenseitig vor. Sammelt sie in einem gemeinsamen Fabelbuch oder heftet sie an die Wandtafel.

Geschichten nach Vorgaben schreiben

Ein Schreibspiel mit sieben Satzanfängen

Gestern war … | Ich war froh, dass … | Dabei …

Zuletzt … | Trotzdem … | Hier konnte … | Plötzlich …

1 Schreibe mit diesen sieben Satzanfängen eine Geschichte, die aus sieben Sätzen besteht. Die Reihenfolge der Satzanfänge bestimmst du selbst. Benutze das Präteritum.

Wünsch dir was! – Geschichten für andere schreiben

2 Zwei Kinder arbeiten zusammen. Jeder soll eine Geschichte für den anderen schreiben. Ihr müsst euch aber vorher gegenseitig erzählen, was in der Geschichte vorkommen soll. Dann erfindet ihr aus den Ideen und Vorschlägen des anderen eine Geschichte und schreibt sie auf.

Gemeinsam Geschichten schreiben

**Eine Geschichte aus schönsten Sätzen –
ein Schreibspiel für vier Personen**

Es ist so weit!
Wir fliegen.
Wir fliegen auf dem Rücken eines Adlers.
Wie schön das ist!
Wir fliegen über hohe Berge.

- Sucht euch in eurer Gruppe ein Bild aus.
- Jedes Kind schreibt jetzt zu diesem Bild **fünf** Sätze auf einen Zettel – jeden Satz in eine Zeile.
- Legt danach die Zettel in die Tischmitte, sodass jedes Kind sie lesen kann.
- Jedes Kind nimmt einen zweiten Zettel und schreibt die Geschichte noch einmal – diesmal **acht** Sätze. Du darfst nur Sätze schreiben, die schon auf den Zetteln stehen, die auf dem Tisch liegen.
- Suche dir die Sätze aus, die dir am besten gefallen.
- Wichtigste Regel dabei:
  Einer dieser Sätze muss in der Geschichte **dreimal** vorkommen.

Hier ist ein Beispiel:
Ein Kind hat zuerst auf den Zettel oben fünf Sätze geschrieben. Auf den Zettel unten hat es dann acht Sätze geschrieben. Einige sind von ihm selbst, einige hat es von anderen Zetteln abgeschrieben.

Es ist so weit!
Wir fliegen.
So schön wie Fliegen ist sonst nichts.
Wir fliegen auf dem Rücken eines Adlers.
Wir fliegen über hohe Berge.
So schön wie Fliegen ist sonst nichts.
So schön wie Fliegen ist sonst nichts.
Und Mama bleibt zu Hause.

● Nach Anregungen schreiben

▶ Tiere im Wasser: Seite 27

Ein Rondell schreiben

Freundschaftsrondell

① Lina will nicht mehr meine Freundin sein.
② Sie sagt, ich bin gemein zu ihr.
③ Das finde ich nicht so gut.
④ Manchmal möchte ich auch mit Anne spielen.
⑤ Oder mit Tom.
⑥ Dann ist Lina sauer auf mich.
⑦ Das finde ich nicht so gut.
⑧ Das finde ich nicht so gut.

1 Lies das Rondell und finde heraus, wie es aufgebaut ist.

2 Du könntest auch so ein Rondell schreiben, in dem steht, was du bei deinen Freunden gut oder nicht so gut findest.

Die Kinder aus der Klasse 4b haben Schlagzeilen aus der Zeitung ausgeschnitten, die sie besonders interessant fanden. Damit haben sie Rondelle geschrieben.

Zirkus sucht Artisten

Katze von Feuerwehr gerettet

Heute alles im Angebot

Ufo gesichtet

Löwe ausgebrochen

3 Schreibe mit einer Schlagzeile ein Rondell.

4 Suche selbst in der Zeitung nach geeigneten Schlagzeilen.

Nachricht

① Hast du schon gehört?
② Löwe ausgebrochen.
③ Die Menschen haben Angst.
④ Löwe ausgebrochen.
⑤ Kinder, bleibt zu Hause!
⑥ Schließt alle Türen!
⑦ Löwe ausgebrochen.
⑧ Der Tierfänger ist schon unterwegs.

► Ich und die anderen: Seite 18

Eine Bildergeschichte schreiben und überarbeiten

Diese Bildergeschichte kann an zwei Stellen beginnen.
Dann werden zwei ganz verschiedene Geschichten daraus.

(1) **Planen**
- Wie soll die Geschichte enden?
- Wie soll das Kind heißen?
- Was denkt und fühlt es?
- Was passiert in der Geschichte?
- Schreibe deine Ideen in Stichwörtern auf.

(2) **Schreiben**
Schreibe nun deine Geschichte auf. Benutze deine Planung.
Überlege dir am Schluss eine passende Überschrift.

(3) **Überarbeiten**
Lies dir deine Geschichte leise selbst vor
oder arbeite mit einem anderen Kind zusammen.
Diese Fragen können bei der Überarbeitung helfen:
- Ist die Geschichte verständlich?
- Sind alle wichtigen Zusammenhänge aufgeschrieben?
- Sind die Wörter passend oder gibt es treffendere?
- Sind die Satzanfänge abwechslungsreich?
- Macht es Spaß, die Geschichte zu lesen?

(4) Verbessere nun, was dir nicht gefällt.

- Zu einer Bildergeschichte schreiben und sie überarbeiten

► Das Fahrrad und andere Erfindungen: Seite 38–45

► Arbeitsheft: Seite 54, 55, 56, 57
► Forderkartei: Nr. 47, 48

Einen Unfallbericht schreiben

Hanna erzählt:

Ich bin mit meinem Fahrrad auf dem Radweg die Gartenstraße entlanggefahren. Plötzlich habe ich mich erschrocken, weil mich ein Radfahrer überholt hat. Dadurch kam ich ins Straucheln und bin nach links gekippt. Ich bin hingestürzt, mein Knie und mein rechter Ellenbogen haben geblutet. Der Lenker und das Vorderrad waren verbogen. Der Junge soll mir den Schaden bezahlen.

Luca erzählt:

Ich bin mit meinem Fahrrad die Gartenstraße entlanggefahren. Vor mir fuhr ein Mädchen freihändig und mit Knöpfen im Ohr. Sie hatte bestimmt Musik an und hat deshalb mein Klingeln nicht gehört. Als ich sie überholt habe, hat sie sich erschrocken und ist auf meine Seite gekommen. Sie rempelte mich an und stürzte hin. Ich konnte mich gerade noch auf dem Rad halten. Ich hielt an und wollte ihr helfen. Sie war verletzt und ihr Fahrrad war kaputt. Sie sagte, ich sei schuld.

1. Luca und Hanna berichten über denselben Unfall.
   a. Sprecht über die beiden Berichte.
   b. Was meint ihr, welches Kind Schuld hat? Begründet eure Meinung.

Tipps
- Im Bericht wird ein Ereignis sachlich und knapp dargestellt.
- Ein Bericht gibt Antwort auf die W-Fragen.
- Berichte werden im Präteritum geschrieben.
- Ein Bericht enthält keine wörtliche Rede.

2. Schreibe einen Unfallbericht.
   Die W-Fragen müssen in dem Bericht beantwortet werden:
   - Wer war beteiligt?
   - Was ist passiert?
   - Wann ist es passiert?
   - Wo ist es passiert?
   - Was waren die Folgen?

- Einen Sachverhalt beschreiben
- Sich eine Meinung bilden und sie begründen

▶ Das Fahrrad und andere Erfindungen: Seite 38–45
▶ Arbeitsheft: Seite 37, 59
▶ Förderheft: Seite 54
▶ Forderkartei: Nr. 106

Texte zusammenfassen

Sophie hat über ein Feuerprojekt einen kleinen Bericht für die Klassenzeitung geschrieben.

Unsere Klasse 4a hat sich schon lange gewünscht,
einmal etwas über die Entdeckung des Feuers zu erfahren.
Wir wussten schon einiges. Aber dann wollten wir
in Büchern noch mehr daüber lesen.
Da hat unsere Lehrerin vorgeschlagen,
ein Feuerprojekt zu machen.
Die Ergebnisse wollten wir dann
anderen Klassen vorstellen.

Gemeinsam haben wir alles gesammelt,
was die Steinzeitmenschen in der Natur beobachtet hatten,
wie sie das Feuer in ihren Höhlen am Leben hielten,
wie sie das Feuer an andere Orte transportierten,
was sich durch das Feuer für die Steinzeitmenschen änderte.
Manche brachten auch Bücher über Feuer,
Vulkane, und Feuerwehren mit.

In vier Gruppen führten wir dann
verschiedene Aufgaben durch.
Die eine Gruppe baute mit dem Feuerwehrmann
Herrn Müller eine Feuerstelle,
eine andere bastelte einen Vulkan,
eine dritte schrieb auf,
welche Möglichkeiten Menschen früher fanden,
um selbst Feuer zu entfachen.
Die vierte Gruppe suchte nach Feuerexperimenten,
die wir mit Herrn Müller durchführen wollten.

1 Dieser Bericht ist Sophie leider etwas zu lang geraten.
Sie muss ihn kürzen und zusammenfassen.
Überlegt gemeinsam, was ihr weglassen könntet.

▶ Feuer: Seite 46–53
▶ Medien – lesen, hören, sehen: Seite 58

(2) Beantwortet zuerst einmal die Fragen:
Was haben sich die Kinder gewünscht?
Wie haben sie ihr Projekt vorbereitet?
Was haben die einzelnen Gruppen gemacht?
Und was geschah am Ende?

Was man bei einer **Zusammenfassung** beachten muss:
- *weglassen, was für den Leser nicht unbedingt notwendig ist,*
- *nichts mehrere Male schreiben,*
- *das Wichtigste kurz wiedergeben.*

(3) Fasse die drei Absätze des Berichts in wenigen Sätzen zusammen.
Die Absätze könnten so anfangen:
Unsere Klasse 4a wünschte sich, mehr über Feuer zu erfahren. …
Gemeinsam sammelten wir …
In Gruppenarbeit bauten wir …

(4) Lest euch eure Zusammenfassungen gegenseitig vor.
Achtet darauf, ob sie das Wichtigste enthalten –
und doch nicht zu lang sind.

Ein Schüler hat seine Zusammenfassung so geschrieben:
Unsere Klasse 4a hat ein Feuerprojekt gemacht.
Am Schluss haben wir die Ergebnisse
den anderen Klassen vorgestellt.

(5) Sprecht über die Meinung des Schülers.

► Arbeitsheft: Seite 61
► Forderkartei: Nr. 103, 104

Briefe schreiben

(1) Suche dir aus Büchern, Geschichten, Kinderzeitungen, Hörbüchern, DVDs, Filmen oder Kindersendungen eine Figur aus, die dich besonders interessiert. Schreibe den Namen auf einen Zettel.

(2) Heftet eure Zettel an die Tafel.

Anton | Luca | Micky Maus | Pünktchen | Harry Potter | Wickie | Justus Jonas | Evrad

(3) Suche dir eine Figur aus und schreibe ihr einen Brief.
Du kannst schreiben:
- was du an ihr besonders magst,
- was du von ihr wissen willst,
- was du gut an ihr findest,
- was dir an ihr nicht so gut gefällt.

Liebe Pünktchen,
ich heiße Emma. Ich kenne dich aus dem Buch „Pünktchen und Anton".
Ich habe eine Frage an dich. Hoffentlich kannst du sie beantworten.
Es gefällt mir, dass du jetzt die Freundin von Anton bist.
Aber was machst du denn so den ganzen Tag, wenn deine Eltern nie da sind?
Ich bin auch immer viel allein.
Schreib mir doch mal.
Deine Emma

(4) Lest euch eure Briefe gegenseitig vor und heftet sie an die Tafel.

(5) Jedes Kind nimmt sich nun einen Brief von der Tafel und beantwortet ihn.

Liebe Emma,
ich habe mich sehr über deinen Brief gefreut, weil ich schon lange keine Post mehr bekommen habe. …
…

(6) Wie könnte der Brief weitergehen?

Texte veröffentlichen

Wenn du einen Text veröffentlichen willst,
kannst du so vorgehen:

1. Zuerst solltest du dir eine Form der Veröffentlichung überlegen:
   Willst du ein Buch daraus machen
   oder ein Plakat oder etwas ganz anderes?
   Ideen dafür findest du in der Tabelle in der oberen Zeile.

2. Nun kannst du Schritt für Schritt deinen Text gestalten.
   Anregungen dazu findest du in den Spalten unten.

<table>
<tr><th>einen Text vorlesen</th><th>ein Plakat erstellen</th><th>ein Buch schreiben</th><th>eine Buchseite gestalten</th><th>einen Text verschenken</th></tr>
<tr><td>• Betonungszeichen setzen
• laut lesen</td><td colspan="2">• den Text in Abschnitte einteilen
• Überschriften für die Abschnitte finden</td><td colspan="2">• besonderes Papier und Schreibwerkzeug aussuchen</td></tr>
<tr><td>• passende Geräusche zum Text erfinden, vielleicht mit anderen Kindern zusammen</td><td colspan="4">abschreiben:
• Linien ziehen oder Linienblatt unterlegen
• in deutlicher Schrift schreiben
• den ganzen Text oder Teile des Textes mit dem Computer schreiben
• Überschriften besonders gestalten</td></tr>
<tr><td>• Endfassung lesen üben</td><td colspan="4">Illustration:
• den Rand gestalten und verzieren
• passende Bilder selbst zeichnen oder ausschneiden
• Fotos einkleben</td></tr>
<tr><td>• Zuhörer finden
• Vorlesetermin vereinbaren und einhalten</td><td>• passenden Ort für das Plakat suchen
• Plakat aufhängen</td><td>• Buch binden (heften, klammern, ...)
• Leporello falten</td><td>• die Seite mit den anderen Seiten zu einem Buch binden</td><td>• als Geschenk verpacken
• das Geschenk übergeben</td></tr>
</table>

Wörterliste

A a

ab
ab|bei|ßen
beißt ab
ab|bre|chen
bricht ab
ab|bren|nen
Abend, der
aber
Ab|fluss, der
die Ab|flüs|se
ab|küh|len
kühlt ab
Ab|küh|lung, die
acht
Ach|sel, die
Af|fe, der
die Af|fen
ähn|lich
Alarm, der
Al|bum, das
die Al|ben
al|le
al|lein
als
al|so
alt
äl|ter,
am äl|tes|ten
am
Am|pel, die
an
an|de|re
an|ders
An|fang, der
die An|fän|ge
an|fan|gen
an|fas|sen
an|feu|ern
feu|ert an
an|ge|ben
Angst, die
ängst|lich
an|na|geln
an|nä|hen
an|neh|men
an|se|hen
sieht an
an|stren|gend
Ant|wort, die
die Ant|wor|ten
ant|wor|ten
ant|wor|tet,
ant|wor|te|te,
hat geant|wor|tet
an|zün|den
zün|det an,
zün|de|te an,
hat an|ge|zün|det
an|zie|hen
zieht an
Ap|fel, der
die Äp|fel
Ap|pe|tit, der
Ap|ril, der
Ar|beit, die
ar|bei|ten
ar|bei|tet
Är|ger, der
är|gern, sich
är|gert
Arm, der
die Ar|me
arm
är|mer,
am ärms|ten
Arzt, der
die Ärz|te
Ärz|tin, die
die Ärz|tin|nen
Ass, das
Ast, der
die Äs|te
auch
auf
auf ein|mal
auf|fal|len
auf|fan|gen
auf|for|dern
Auf|ga|be, die
die Auf|ga|ben
auf|hei|tern
Auf|hei|te|rung, die
auf|hö|ren
hört auf
auf|kle|ben
klebt auf
auf|pas|sen
passt auf
auf|re|gen, sich
Auf|satz, der
die Auf|sät|ze
auf|ste|hen
Au|ge, das
die Au|gen
Au|gust, der
aus
aus|la|chen
aus|sä|gen
aus|se|hen
au|ßer
au|ßer|dem
aus|su|chen, sich
Aus|weis, der
die Aus|wei|se
aus|zie|hen
Au|to, das
die Au|tos

B b

Ba|by, das
die Ba|bys
Bach, der
die Bä|che
Ba|cke, die
die Ba|cken
ba|cken
bäckt, *auch:* backt
Bad, das
die Bä|der
ba|den
ba|det
Bahn, die
die Bah|nen
bald
Ball, der
die Bäl|le
Band, das
die Bän|der
Bank, die
die Bän|ke
Bär, der
die Bä|ren
bas|teln
bas|telt
Bauch, der
die Bäu|che
bau|en
baut
Baum, der
die Bäu|me
bei
bei|de

- Die Wörterlitse als Rechtschreibhilfe nutzen
- Nachschlagen üben

Bein, das
die Bei|ne
bei|ste|hen
bei|ßen
beißt, biss,
ge|bis|sen
be|kämp|fen
be|kämpft
be|kom|men
be|kommt
bel|len
bellt
be|lü|gen
be|lügt
be|nö|ti|gen
be|nö|tigt
be|ob|ach|ten
be|ob|ach|tet
Berg, der
die Ber|ge
Be|ruf, der
die Be|ru|fe
be|schränkt
be|schüt|zen
be|schützt
be|sich|ti|gen
be|sich|tigt
be|son|ders
be|sor|gen
be|sorgt
bes|ser
am bes|ten
be|steh|len
be|stiehlt
be|stimmt
Be|such, der
be|su|chen
Bett, das
die Bet|ten

bet|teln
bet|telt
be|wei|sen
be|weist
be|wöl|ken
be|wölkt
Be|wöl|kung, die
be|zah|len
be|zahlt
bie|gen
biegt, bog,
ge|bo|gen
Bie|ne, die
die Bie|nen
Bild, das
die Bil|der
bil|lig
bin
ich bin
Bir|ne, die
die Bir|nen
bis
ein **biss|chen**
Bis|sen, der
bis|sig
bit|ten
bit|tet, bat,
ge|be|ten
bit|ter
bla|sen
bläst
blass
Blatt, das
die Blät|ter
blau
Blech, das
die Ble|che
blei|ben
bleibt

Blei|stift, der
die Blei|stif|te
blind
blin|zeln
blin|zelt
Blitz, der
die Blit|ze
blit|zen
blitzt
blond
bloß
blü|hen
blüht
Blu|me, die
die Blu|men
Blut, das
Blü|te, die
blu|tig
bo|ckig
Boh|ne, die
die Boh|nen
Bon|bon, das, der
die Bon|bons
Boot, das
die Boo|te
bö|se
Brand, der
die Brän|de
bo|xen
boxt
brau|chen
braucht
braun
brau|sen
braust
bre|chen
bricht, brach,
ge|bro|chen

breit
brei|ter,
am brei|tes|ten
Brem|se, die
die Brem|sen
brem|sen
bremst
bren|nen
brennt, brann|te,
ge|brannt
Brief, der
die Brie|fe
Bril|le, die
die Bril|len
brin|gen
bringt, brach|te,
ge|bracht
Brot, das
die Bro|te
Brü|cke, die
die Brü|cken
Bru|der, der
die Brü|der
brül|len
brüllt
brum|men
brummt
brum|mig
Buch, das
die Bü|cher
Büchse, die
bü|cken
bunt
Bunt|stift, der
die Bunt|stif|te
Burg, die
die Bur|gen
Bus, der
die Bus|se

Busch, der
die Bü|sche
bü|ßen
büßt
But|ter, die

C c

Co|mic, der
Com|pu|ter, der
cool
coo|ler
am cools|ten
Cou|sin, der
Cou|si|ne, die

D d

da
da|bei
Dach, das
die Dä|cher
Dachs, der
Da|ckel, der
die Da|ckel
da|für
da|ge|gen
da|mals
Da|me, die
die Da|men
da|mit
däm|lich
da|nach
dank|bar
dan|ken
dankt
dann
da|rauf, dar|auf,
da|rüber, dar|über,
da|rum, dar|um
das
dass
Dau|men, der
da|von
da|vor
da|zu
De|cke, die
die De|cken
dein, dei|ne
den|ken
denkt, dach|te,
ge|dacht
denn
der, des, dem, den
des|halb
deut|lich
deut|li|cher,
am deut|lichs|ten
De|zem|ber, der
dich
dicht
dick
di|cker,
am dicks|ten
die
Dieb, der
die Die|be
Dieb|stahl, der
Diens|tag, der
dies, die|se, die|ser,
die|ses
Dik|tat, das
die Dik|ta|te
dik|tie|ren
Ding, das
dir
doch
Don|ners|tag, der
dort
dö|sen
döst
Draht, der
die Dräh|te
drau|ßen
Dreck, der
dre|ckig
drei
drin|nen
dro|hen
droht
drü|ben
du
dumm
düm|mer,
am dümms|ten
dün|gen
düngt
dun|kel
dunk|ler,
am dun|kels|ten
dünn
durch
dür|fen
darf, durf|te
Durst, der
durs|tig

E e

echt
Ech|se, die
Ecke, die
eckig
egal
Ehe, die
ehr|lich
Ei, das
die Ei|er
Ei|dech|se, die
ei|gen
ei|gent|lich
Ei|le, die
ei|lig
ein, ei|nes, ei|nem,
ei|nen
ei|ne, ei|ner
ein|fach
ei|ni|ge
ei|ni|gen, sich
ein|kau|fen
ein|la|den
lädt ein
ein|mal
ein|pa|cken
packt ein
eins
ein|sam
ein|zeln, ein|zel|nen
ein|trü|ben
Ein|trü|bung, die
ein|wi|ckeln
wi|ckelt ein
Eis, das
ei|sig
ek|lig
El|tern, die
En|de, das
zu En|de
end|lich
eng
ent|de|cken
ent|deckt
En|te, die
die En|ten
ent|schul|di|gen, sich
Ent|schul|digung, die
ent|täu|schen
ent|täuscht
er

Erd|bee|re, die
die Erd|bee|ren
Er|de, die
er|fin|den
er|fin|det
er|fin|de|risch
er|ge|ben
er|gibt
Er|geb|nis, das
er|käl|ten, sich
er|käl|tet
Er|käl|tung, die
er|klä|ren
er|klärt
Er|leb|nis, das
die Er|leb|nis|se
ernst
er|schre|cken
er|schreckt,
er|schreck|te,
er|schro|cken
er|stick|en
er|stickt
er|wär|men
er|wärmt
Er|wär|mung, die
er|zäh|len
er|zählt
es
es|sen
isst, aß,
ge|ges|sen
Es|sen, das
Ess|löf|fel, der
Etui, das
die Etuis
et|was
euch
Eu|le, die

F f

Fa|bel, die
die Fa|beln
fah|ren
fährt, fuhr,
ge|fah|ren
Fahr|rad, das
die Fahr|rä|der
fair
fal|len
fällt, fiel,
ge|fal|len
falsch
Fa|mi|lie, die
die Fa|mi|li|en
fan|gen
fängt, fing,
ge|fan|gen
Far|be, die
far|big
farb|lich
Fass, das
die Fäs|ser
fas|sen
fasst, fass|te,
ge|fasst
faul
Fe|bru|ar, der
auch: der
Feb|ru|ar
Fe|der, die
die Fe|dern
Fee, die
feh|len
fehlt
Feh|ler, der
die Feh|ler

fei|ern
fei|ert
Feind, der
die Fein|de
feind|lich
Feld, das
die Felder
Fell, das
die Fel|le
Fels, der
die Fel|sen
Fens|ter, das
die Fens|ter
Fe|ri|en, die
Fer|kel, das
die Fer|kel
fern|se|hen
Fern|se|her, der
fer|tig
fes|seln
fes|selt
Fest, das
die Fes|te
fest
fes|ter,
am fes|tes|ten
Feu|er, das
die Feu|er
Feu|er|wehr, die
die Feu|er|weh|ren
feu|rig
fies
Filz|stift, der
die Filz|stif|te
fin|den
fin|det, fand,
ge|fun|den
Fin|ger, der
die Fin|ger

Fisch, der
die Fi|sche
Fla|sche, die
flech|ten
flicht, flocht,
ge|floch|ten
Fleiß, der
flei|ßig
flei|ßi|ger,
am flei|ßigs|ten
flie|gen
fliegt, flog,
ge|flo|gen
flie|hen
flieht, floh,
ge|flo|hen
flie|ßen
fließt, floss,
ge|flos|sen
flit|zen
flitzt
Floh, der
die Flö|he
Flos|se, die
die Flos|sen
Floß, das
die Flö|ße
Flucht, die
Flug, der
die Flü|ge
Flü|gel, der
Flug|zeug, das
Fluss, der
die Flüs|se
flüs|sig
Flüs|sig|keit, die
flüs|tern
flüs|tert
fort
Fra|ge, die

fra|gen
fragt, frag|te, ge|fragt
Frat|ze, die
die Frat|zen
Frau, die
die Frau|en
frech
fre|cher, am frechs|ten
frei
Frei|tag, der
fremd
fres|sen
frisst, fraß, ge|fres|sen
Freu|de, die
freu|en, sich
freu|dig
Freund, der
die Freun|de
Freun|din, die
die Freun|din|nen
freund|lich
frie|ren
friert, fror, ge|fro|ren
froh
fröh|lich
Frost, der
fros|tig
früh
frü|her
Früh|ling, der
Früh|stück, das
früh|stü|cken
früh|stückt
Fuchs, der
die Füch|se
füh|len
fühlt
Füh|ler, der
Fül|ler, der
fünf
für
Fuß, der
die Fü|ße
Fut|ter, das
füt|tern
füt|tert
Fuß|ball, der
die Fuß|bäl|le

G g

Ga|bel, die
die Ga|beln
Gang|schal|tung, die
Gans, die
die Gän|se
Gän|se|rich, der
ganz
gar nicht
gar nichts
Gar|ten, der
die Gär|ten
Gast, der
die Gäs|te
ge|ben
gibt, gab, ge|ge|ben
Ge|biss, das
Ge|burts|tag, der
Ge|drän|gel, das
ge|fähr|lich
ge|fal|len
ge|fällt, ge|fiel, ge|fal|len
Ge|fäß, das
Ge|fühl, das
die Ge|füh|le
ge|gen
ge|gen|sei|tig
ge|gen|über
ge|heim
ge|hen
geht, ging, ge|gan|gen
ge|hö|ren
ge|hört
Geiz, der
gei|zig
Ge|län|der, das
gelb
Geld, das
die Gel|der
ge|mein
ge|mein|sam
ge|müt|lich
ge|nau
ge|nie|ßen
ge|nießt, ge|noss, ge|nos|sen
ge|nug
Ge|päck|trä|ger, der
ge|ra|de
ge|rin|gelt
gern
Ge|schäft, das
die Ge|schäf|te
Ge|schenk, das
die Ge|schen|ke
Ge|schich|te, die
die Ge|schich|ten
ge|schickt
Ge|sicht, das
die Ge|sich|ter
Ge|spenst, das
die Ge|spens|ter
ge|stal|ten
ge|stal|tet
ges|tern
ge|sund
Ge|wäs|ser, das
die Ge|wäs|ser
ge|win|nen
ge|winnt, ge|wann, ge|won|nen
Ge|wit|ter, das
ge|wohnt
gie|ßen
gießt, goss, ge|gos|sen
Gift, das
gif|tig
Gi|raf|fe, die
die Gi|raf|fen
Glas, das
die Glä|ser
glatt
Glat|ze, die
glau|ben
glaubt
gleich
Glo|cke, die
die Glo|cken
Glück, das
glück|lich
glü|hen
glüht
Glut, die
grab|beln
grab|belt
gra|ben
gräbt, grub, ge|gra|ben
Gras, das
die Grä|ser

gra|sen
grast
gra|tu|lie|ren
gra|tu|liert
grau
Gren|ze, die
grin|sen
grinst
grob
grö|ber,
am gröbs|ten
groß
grö|ßer,
am größ|ten
grün
Grup|pe, die
gru|se|lig
Gruß, der
die Grü|ße
grü|ßen
grüßt
gu|cken
guckt
Gum|mi, der, das
Gur|ke, die
die Gur|ken
gut
bes|ser, am bes|ten
al|les Gu|te
Gü|te, die
gü|tig

H h

Haar, das
die Haa|re
ha|ben
hat, hat|te,
ge|habt, ich ha|be
Ha|fen, der
die Hä|fen
Hahn, der
die Häh|ne
Hai, der
halb
Hals, der
die Häl|se
hal|ten
hält, hielt,
ge|hal|ten
Ham|mer, der
Hand, die
die Hän|de
Han|del, der
hän|gen
hängt
harm|los
hart
Ha|se, der
has|sen
hasst
Haus, das
die Häu|ser
das Häus|chen
zu Hau|se sein
mein Zu|hau|se
Haut, die
die Häu|te
he|ben
hebt, hob,
ge|ho|ben
Heft, das
die Hef|te
Heim|weh, das
heiß
hei|ßer,
am hei|ßes|ten
hei|ßen
heißt
hei|zen
heizt
hel|fen
hilft, half,
ge|hol|fen
hell
Helm, der
Hemd, das
die Hem|den
Hen|kel, der
die Hen|kel
Hen|ne, die
her
he|rab, her|ab
he|rauf, her|auf
he|raus, her|aus
he|rein, her|ein
Herbst, der
Herd, der
die Her|de
herr|lich
herr|schen
herrscht
he|rum, her|um
he|run|ter,
her|un|ter
her|vor
Herz, das
die Her|zen
herz|lich
het|zen
heu|len
heult
heu|te
He|xe, die
hier
Hil|fe, die
hilfs|be|reit
Him|mel, der
hin
hi|nab, hin|ab
hi|nauf, hin|auf
hi|naus, hin|aus
hi|nein, hin|ein
hin|fal|len
fällt hin, fiel hin,
hin|ge|fal|len
hin|ken
hinkt
hin|ter
hin|ter|her
Hin|ter|rad, das
hi|nun|ter,
hin|un|ter
Hit|ze, die
ho|beln
ho|belt
hoch
hö|her,
am höchs|ten
hof|fen
hofft
hof|fent|lich
Hö|he, die
ho|len
holt, hol|te,
ge|holt
Holz, das
die Höl|zer
hop|peln
hop|pelt
Hör|buch, das
hö|ren
hört
Ho|se, die
die Ho|sen
Huhn, das
die Hüh|ner
Hum|mel, die
die Hum|meln

Hund, der
die Hun|de
Hün|din, die
Hun|ger, der
hung|rig
hüp|fen
hüpft
Hut, der
die Hü|te

I i

ich
Igel, der
die Igel
ihm, ihn
ih|nen
ihr, ih|re, ih|ren
im
im|mer
in
In|ter|net, das
In|ter|view, das
ir|gend|ei|ner
ir|gend|et|was
ir|gend|wie
ir|gend|wo

J j

Ja|cke, die
die Ja|cken
Jahr, das
die Jah|re
jam|mern
jam|mert
Ja|nu|ar, der
Jeans, die
je|de, je|der
je|den|falls
je|mand
jetzt
Jo|ghurt, der, das
auch: der Jo|gurt
jong|lie|ren
jong|liert
auch: jon|glie|ren
ju|cken
juckt
Ju|li, der
jung
jün|ger,
am jüngs|ten
Jun|ge, der
die Jun|gen
Ju|ni, der

K k

Kä|fer, der
die Kä|fer
Kaf|fee, der
Kai|ser, der
Ka|ka|du, der
die Ka|ka|dus
Ka|kao, der
Ka|len|der, der
kalt
käl|ter,
am käl|tes|ten
Käl|te, die
Ka|me|ra, die
die Ka|me|ras
Kamm, der
die Käm|me
käm|men
kämmt
kämp|fen
kämpft
ka|putt
Kas|se, die
die Kas|sen
Kat|ze, die
die Kat|zen
kau|fen
kauft, du kaufst,
kauf|te, ge|kauft
kaum
kein, kei|ne
Keks, der, das
ken|nen
kennt, kann|te,
ge|kannt
Kern, der
die Ker|ne
Ker|ze, die
die Ker|zen
Kes|sel, der
Ket|te, die
die Ket|ten
ki|chern
ki|chert
Kind, das
die Kin|der
kind|lich
Kir|sche, die
die Kir|schen
kit|zeln
kit|zelt
kläf|fen
kläfft
Klam|mer, die
die Klam|mern
Klang, der
die Klän|ge
klap|pern
klap|pert
klar
Klas|se, die
die Klas|sen
kle|ben
klebt
kle|ckern
kle|ckert
Klee, der
Kleid, das
die Klei|der
klei|den,
klei|det
klein
klei|ner,
am kleins|ten
klet|tern
klet|tert
Klin|gel, die
klin|geln
klin|gelt
klin|gen
klingt
Kloß, der
die Klö|ße
Klotz, der
die Klöt|ze
klug
klü|ger,
am klügs|ten
knab|bern
knab|bert
kna|cken
knackt
knal|len
knallt
knei|fen
kneift, kniff,
ge|knif|fen
Knie, das
kno|beln
kno|belt
Knopf, der
die Knöp|fe

knuf|fen
knufft
ko|chen
kocht
ko|misch
kom|men
kommt, kam,
ge|kom|men
Kö|nig, der
Kö|ni|gin, die
kön|nen
kann
Kopf, der
die Köp|fe
kos|ten
kos|tet
krab|beln
krab|belt
Krach, der
kräch|zen
krächzt
Kraft, die
kräf|tig
Krä|he, die
die Krä|hen
Kral|le, die
die Kral|len
Kran, der
die Krä|ne
krank
Kranz, der
die Krän|ze
krat|zen
kratzt

Kreis, der
die Krei|se
Kreuz, das
die Kreu|ze

krie|chen
kriecht, kroch,
ge|kro|chen
krie|gen
kriegt
Krö|te, die
die Krö|ten
Krug, der
die Krü|ge
krumm
Ku|chen, der
Ku|gel, die
die Ku|geln
Kuh, die
die Kü|he
kühl
Kuh|le, die
Kunst, die
künst|lich
Kür|bis, der
die Kür|bis|se
kurz
kür|zer,
am kür|zes|ten
Kuss, der
die Küs|se
küs|sen
küsst, küss|te,
ge|küsst

L l

la|chen
lacht
lä|cheln
lä|chelt
Lachs, der
La|ger, das
Laich, der

Land, das
die Län|der
lang
län|ger,
am längs|ten
Lan|ge|wei|le, die
lang|sam
lang|wei|lig
Lap|top, der
die Lap|tops
las|sen
lässt, ließ,
ge|las|sen
Laub, das
lau|fen
läuft, lief,
ge|lau|fen
Laus, die
die Läu|se
laut
lau|ter,
am lau|tes|ten
le|ben
lebt
Le|bens|raum, der
le|cken
leckt
le|cker
leer
le|gen
legt
Leh|rer, der
Leh|re|rin, die
die Leh|re|rin|nen
leicht
leich|ter,
am leich|tes|ten
lei|der

lei|se
lei|ser,
am lei|ses|ten
len|ken
lenkt
Len|ker, der
ler|nen
lernt
Le|se|buch, das
die Le|se|bü|cher
le|sen
liest, las,
ge|le|sen
letz|te, letz|ter
leuch|ten
leuch|tet
Leu|te, die
Licht, das
die Lich|ter
lieb
lie|ber,
am liebs|ten
Lie|be, die
lie|ben
liebt
Lied, das
die Lie|der
lie|gen
liegt, lag,
ge|le|gen
links
Lip|pe, die
Li|ter, der, das
lo|ben
lobt
Loch, das
die Lö|cher
Lo|cke, die
die Lo|cken
lo|ckig

Löf|fel, der
Lohn, der
die Löh|ne
los
Los, das
die Lo|se
lö|schen
löscht
lö|sen
löst
los|las|sen
Lö|we, der
die Lö|wen
Luchs, der
Lü|cke, die
die Lü|cken
Luft, die
lü|gen
lügt, log,
ge|lo|gen
Lust, die
lus|tig
lus|ti|ger,
am lus|tigs|ten

M m

ma|chen
macht
Mäd|chen, das
die Mäd|chen
Mai, der
Mais, der
ma|len
malt
man
man|che
manch|mal
Mann, der
die Män|ner
Man|tel, der
die Män|tel
Mar|ker, der
die Mar|ker
Mar|mor, der
März, der
Ma|schi|ne, die
die Ma|schi|nen
Ma|sern, die
Mas|ke, die
Matsch, der
mat|schig
Maul|wurf, der
die Maul|wür|fe
Maus, die
die Mäu|se
das Mäus|chen
me|ckern
me|ckert
Meer, das
die Mee|re
Meer|schwein|chen,
das
mehr
mein, mei|ne
Mei|nun|g, die
meis|tens
mel|ken
melkt
Me|lo|ne, die
die Me|lo|nen
Mensch, der
die Men|schen
mer|ken
merkt
mes|sen
misst, maß,
ge|mes|sen
Mes|ser, das
die Mes|ser
Me|ter, der, das
mich
Milch, die
Mind|map, die
mir
mit
mit|ei|n|an|der
mit|ma|chen
mit|neh|men
nimmt mit,
nahm mit,
mit|ge|nom|men
Mit|tag, der
Mitt|woch, der
mo|dern
mö|gen
mag, moch|te,
ge|mocht
mög|lich
Mohn, der
Möh|re, die
Mohr|rübe, die
Mo|nat, der
Mond, der
Mon|tag, der
Moos, das
mor|gen
Mor|gen, der
Mü|cke, die
die Mü|cken
mü|de
Mü|he, die
mu|hen
muht
Mund, der
die Mün|der
Müll, der
münd|lich
müs|sen
muss, muss|te,
ge|musst
Mut, der
mu|tig
mu|tiger,
am mu|tigs|ten
Mut|ter, die
die Müt|ter
Müt|ze, die
die Müt|zen

N n

nach
nach|den|ken
Nach|mit|tag, der
Nacht, die
die Näch|te
na|geln
na|gelt
nah
nä|her,
am näch|sten
Nä|he, die
nä|hen
näht
Nah|rung, die
Na|me, der
die Na|men
näm|lich
Napf, der
die Näp|fe
Na|se, die
die Na|sen
nass
Na|tur, die
na|tür|lich
Ne|bel, der
neb|lig

ne|cken
neckt
neh|men
nimmt, nahm,
ge|nom|men
ner|vös
nett
net|ter,
am net|tes|ten
Netz, das
die Net|ze
neu
Neu|gier, die
neu|gie|rig
neun
nicht
nichts
ni|cken
nickt
nie
nie|mals
nie|mand
nie|sen
niest
noch
noch ein|mal
noch mal
No|vem|ber, der
nun
nur
Nuss, die
die Nüs|se
nut|zen
nutzt

O o

ob
oben
Obst, das
Och|se, der
oder
of|fen
oft
öf|ter
oh|ne
Ohr, das
die Oh|ren
Ok|to|ber, der
Oma, die
die Omas
On|kel, der
die On|kel
Oran|ge, die
die Oran|gen
or|dent|lich
Os|tern
Oze|an, der

P p

paar
ein paar Blumen
Paar, das
ein Paar Schuhe
pa|cken
packt
Pa|pier, das
Pa|pri|ka, die, der
auch: Pap|ri|ka, die
Park, der
die Parks
pas|sen
passt, pass|te
Pau|se, die
Pe|dal, das
Pelz, der
pet|zen
petzt
Pfan|ne, die
die Pfan|nen
Pfau, der
die Pfau|e
Pfef|fer|minz, das
pfei|fen
pfeift, pfiff,
ge|pfif|fen
Pfeil, der
die Pfe|ile
Pferd, das
die Pfer|de
Pfings|ten
Pfir|sich, der
die Pfir|si|che
Pflan|ze, die
die Pflan|zen
pflan|zen
pflanzt
Pflau|me, die
die Pflau|men
pfle|gen
pflegt, pfleg|te
ge|pflegt
Pflicht, die
die Pflich|ten
pflü|cken
pflückt, pflück|te,
ge|pflückt
Pfo|te, die
die Pfo|ten
Pfüt|ze, die
die Pfüt|zen
Pin|sel, der
die Pin|sel
plap|pern
plap|pert
plär|ren
plärrt
Platz, der
die Plät|ze
plötz|lich
Po|ny, das
die Po|nys
Post, die
pras|seln
pras|selt
Preis, der
die Prei|se
Prinz, der
die Prin|zen
pro|ben
probt
Pud|ding, der
Pu|del, der
puf|fen
pufft
Pul|li, der
die Pul|lis
Pul|lover, der
Pup|pe, die
die Pup|pen
Pur|zel|baum, der
die Pur|zel|bäu|me
Pus|te|blu|me, die
put|zen
putzt

Qu qu

Qual|le, die
Quark, der
quas|seln
quas|selt
Quatsch, der
Quel|le, die
quer
quiet|schen
quietscht

R r

Ra|be, der
die Ra|ben
Rad, das
die Rä|der
ra|deln
ra|delt
Rad fah|ren
Rad|fah|ren, das
Ra|dies|chen, das
die Ra|dies|chen
Rah|men, der
die Rah|men
Rand, der
die Rän|der
ra|sen
rast
ra|ten
rät, riet, ge|ra|ten
Rät|sel, das
die Rät|sel
Rat|te, die
die Rat|ten
rau|ben
raubt
Raum, der
die Räu|me
Rauch, der
rauch|en
raucht, rauch|te,
hat ge|raucht
räu|men
räumt
raus
re|cher|chie|ren
re|cher|chiert
rech|nen
rech|net,
du rech|nest
rechts
re|den
re|det
Re|flek|tor, der
Re|gen, der
reg|nen
reg|net
Reh, das
die Re|he
rei|ben
reibt, rieb,
ge|rie|ben
reich
Rei|fen, der
die Rei|fen
Rei|he, die
rein
rein|ge|hen
rei|sen
reist
rei|ßen
reißt, riss,
ge|ris|sen
rei|ten
rei|tet, ritt,
ge|rit|ten
rei|zen
reizt
ren|nen
rennt, rann|te,
ge|rannt
re|pa|rie|ren
re|pa|riert
ret|ten
ret|tet
Rha|bar|ber, der
rich|tig
rie|chen
riecht, roch,
ge|ro|chen
Rie|se, der
die Rie|sen
Rind, das
die Rin|der
Ring, der
die Rin|ge
Rit|ter, der
die Rit|ter
Rock, der
die Rö|cke
roh
Rohr, das
die Roh|re
Ru|brik, die
rot
Ruck, der
Rü|cken, der
rü|cken
rückt
ru|fen
ruft, rief,
ge|ru|fen
Ru|he, die
ru|hen
ruht
ruhig
rüh|ren
rührt
rund
run|ter
rup|fen
rupft
Rüs|tung, die
rut|schen
rutscht, rutsch|te,
ist ge|rutscht

S s

Sa|chen, die
Sack, der
die Sä|cke
sa|gen
sagt
sä|gen
sägt
Sa|lat, der
Salz, das
sam|meln
sam|melt,
sam|mel|te,
ge|sam|melt,
ich samm|le
Sams|tag, der
Sand, der
satt
Sat|tel, der
die Sät|tel
Satz, der
die Sät|ze
sau|ber
sau|fen
säuft, soff,
ge|sof|fen
sau|gen
saugt
sau|sen
saust
scha|de
Scha|den, der
schäd|lich
Schaf, das
die Scha|fe
Schä|fer, der
schaf|fen
schafft

Schal, der
Scha|le, die
schä|len
schält, schäl|te,
ge|schält
schä|men
scharf
Schatz, der
die Schät|ze
schau|en
schaut
schen|ken
schenkt
Sche|re, die
die Sche|ren
schie|ben
schiebt, schob,
ge|scho|ben
schief
schie|ßen
schießt, schoss,
ge|schos|sen
Schiff, das
die Schif|fe
Schild, das
die Schil|der
Schild|krö|te, die
die Schild|krö|ten
schimp|fen
schimpft
schlab|bern
schlab|bert
schla|fen
schläft, schlief,
ge|schla|fen
schla|gen
schlägt, schlug,
ge|schla|gen
schlank
schlan|ker,
am schlan|kes|ten
schlau
Schlauch, der
die Schläu|che
schlecht
schlech|ter,
am schlech|tes|ten
schlie|ßen
schließt, schloss,
ge|schlos|sen
schlimm
schlim|mer,
am schlimms|ten
Schlitt|schuh, der
die Schlitt|schu|he
Schloss, das
die Schlös|ser
Schluss, der
Schlüs|sel, der
schme|cken
schmeckt
Schmerz, der
die Schmer|zen
schmun|zeln
schmun|zelt
schmut|zig
schmut|zi|ger,
am schmut|zigs|ten
Schna|bel, der
die Schnä|bel
Schnau|ze, die
Schne|cke, die
die Schne|cken
Schnee, der
schnei|den
schnei|det,
schnitt,
ge|schnit|ten
schnell
schnel|ler,
am schnells|ten
Scho|ko|la|de, die
schon
schön
schö|ner,
am schöns|ten
scho|nen
schont
Schoß, der
die Schö|ße
schräg
Schrank, der
die Schrän|ke
Schreck, der
schreck|lich
schrei|ben
schreibt, schrieb,
ge|schrie|ben
schrei|en
schreit, schrie,
hat ge|schri|en
Schrift, die
die Schrif|ten
schrift|lich
Schuh, der
die Schu|he
Schu|le, die
die Schu|len
schul|dig
Schü|ler, der
Schü|le|rin, die
die Schü|le|rin|nen
Schuss, der
die Schüs|se
Schutz, der
schwach
schwä|cher,
am schwächs|ten
Schwan, der
die Schwä|ne
Schwanz, der
schwarz
schwat|zen
schwatzt
Schwein, das
die Schwei|ne
schwer
schwe|rer,
am schwers|ten
Schwes|ter, die
die Schwes|tern
schwim|men
schwimmt,
schwamm,
ge|schwom|men
schwit|zen
schwitzt
schwö|ren
schwört
schwül
sechs
See, der
se|hen
sieht, sah,
ge|se|hen
sehr
seid
ihr seid
sein
ist, war,
ist ge|we|sen,
sie sind
sei|ne, sei|ner
seit
seit gestern
sel|ber, selbst
sel|ten
Sep|tem|ber, der

Ses|sel, der
set|zen
setzt sich
seuf|zen
seufzt
Shorts, die
sich
sie
Sieb, das
die Sie|be
sie|ben
sie|gen
siegt
sind
wir sind
sin|gen
singt, sang,
ge|sun|gen
Sitz, der
die Sit|ze
sit|zen
sitzt, saß,
ge|ses|sen
so
So|cken, die
so|gar
Sohn, der
die Söh|ne
sol|che
sol|len
soll
Som|mer, der
Sonn|abend, der
Son|ne, die
son|nig
Sonn|tag, der
sonst
So|ße, die
die So|ßen
span|nend

Spaß, der
die Spä|ße
spät
spä|ter,
am spä|tes|ten
Spatz, der
die Spat|zen
spa|zie|ren
spa|ziert
spa|zie|ren ge|hen
Spei|che, die
die Spei|chen
Spiel, das
die Spie|le
spie|len
spielt
Spin|ne, die
die Spin|nen
spin|nen
spinnt, spann,
ge|spon|nen
spitz
Spit|ze, die
Sport, der
Spra|che, die
die Spra|chen
spre|chen
spricht, sprach,
ge|spro|chen
sprin|gen
springt, sprang,
ge|sprun|gen
sprit|zen
spritzt
sprit|zig
spu|cken
spuckt
sta|bil
sta|bi|ler,
am sta|bils|ten

Sta|chel, der
die Sta|cheln
Stadt, die
die Städ|te
Staf|fel, die
Stall, der
die Stäl|le
stark
stär|ker,
am stärks|ten
statt|fin|den
fin|det statt
ste|chen
sticht, stach,
ge|sto|chen
ste|hen
steht, stand,
ge|stan|den
steh|len
stiehlt, stahl,
ge|stoh|len
Stein, der
die Stei|ne
stei|nig
Stel|le, die
die Stel|len
stel|len
stellt
Stern, der
die Ster|ne
Stich, der
die Sti|che
Stie|fel, der
still
Stim|me, die
die Stim|men
stim|men
stimmt
stin|ken
stinkt

Stock, der
die Stö|cke
stolz
Stolz, der
stö|ren
stört
Stoß, der
die Stöße
Stra|ße, die
die Stra|ßen
Strauch, der
die Sträu|cher
Strauß, der
die Sträu|ße
strei|cheln
strei|chelt
Streich|holz, das
Streit, der
strei|ten
strei|tet, stritt,
ge|strit|ten
Strich, der
die Stri|che
stri|cken
strickt
Strumpf, der
die Strümp|fe
Stück, das
die Stü|cke
Stu|fe, die
die Stu|fen
Stuhl, der
die Stüh|le
stumm
Stun|de, die
die Stun|den
Sturm, der
die Stür|me
Sturz, der

stür|zen
stürzt, stürz|te, ge|stürzt
Stu|te, die
su|chen
sucht
sum|men
summt
Sup|pe, die
süß

T t

Ta|fel, die
die Ta|feln
Tag, der
die Ta|ge
täg|lich
Tal, das
die Tä|ler
Tan|ne, die
die Tan|nen
Tan|te, die
die Tan|ten
Tanz, der
die Tän|ze
tan|zen
tanzt
Ta|sche, die
Tas|se, die
Tat|ze, die
taub
Ted|dy, der
die Ted|dys
Tee, der
Teich, der
die Tei|che
Te|le|fon, das
te|le|fo|nie|ren
Tel|ler, der
Teppich, der
teu|er
Text, der
die Tex|te
ti|cken
tickt
tief
Tier, das
die Tie|re
Ti|ger, der
die Ti|ger
Tisch, der
die Ti|sche
to|ben
tobt
Toch|ter, die
die Töch|ter
Tod, der
tödlich
toll
tol|ler, am tolls|ten
Ton, der
die Tö|ne
Ton|ne, die
die Ton|nen
Tor, das
Tor|te, die
tot
tra|ben
trabt
tra|gen
trägt, trug, ge|tra|gen
Trä|ne, die
die Trä|nen
Traum, der
die Träu|me
träu|men
träumt
trau|rig
trau|ri|ger, am trau|rigs|ten
Trau|rig|keit, die
tref|fen
trifft, traf, ge|trof|fen
tren|nen
trennt, trenn|te, ge|trennt
Trep|pe, die
die Trep|pen
tre|ten
tritt, trat, ge|tre|ten
Trick, der
die Tricks
trin|ken
trinkt, trank, ge|trun|ken
tro|cken
Tro|cken|heit, die
trom|meln
trom|melt
trös|ten
trös|tet
trotz
trotz|dem
trot|zig
Tru|he, die
T-Shirt, das
die T-Shirts
Tuch, das
die Tü|cher
tun
tut, tat, getan
Tür, die
die Tü|ren
Turm, der
tur|nen
turnt
Turn|schu|he, die
tu|scheln
tu|schelt
Tü|te, die
die Tü|ten

U u

üben
über
über|all
über|schwem|men
Über|schwem|mung, die
Uhr, die
um
Um|welt|schutz, der
und
un|heim|lich
Uni|form, die
die Uni|for|men
uns
un|ten
un|ter
Un|ter|richt, der
un|ter|schied|lich

V v

Va|ter, der
die Vä|ter
ver|beu|gen
ver|beugt
ver|blü|hen
ver|blüht
ver|bie|ten
ver|bie|tet, ver|bat, ver|boten

ver|bren|nen
ver|brennt,
ver|brann|te,
hat ver|brannt
ver|dop|peln
ver|dop|pelt
ver|fah|ren
ver|fährt
ver|ge|ben
ver|gibt
ver|ges|sen
ver|gisst
ver|ir|ren
ver|irrt
ver|ja|gen
ver|jagt
ver|kau|fen
ver|kauft
Ver|käu|fer, der
Ver|käu|fe|rin, die
Ver|kehr, der
ver|kehrs|sicher
ver|kehrt
ver|klei|den
ver|las|sen
ver|lässt
ver|lei|hen
ver|leiht,
ver|lieh,
hat ver|lie|hen
ver|lie|ben
ver|liebt
ver|lie|ren
ver|liert
ver|pas|sen
ver|ra|ten
ver|rech|nen
ver|rei|sen
ver|rü|cken
ver|rückt

ver|schie|den
ver|schlos|sen
ver|schmut|zen
ver|schmutzt
ver|sor|gen
ver|sorgt
ver|ste|cken
ver|steckt
ver|ste|hen
ver|steht
ver|tra|gen
ver|trägt,
ver|trug,
hat ver|tra|gen
ver|su|chen
ver|sucht
Ver|un|rei|ni|gung,
die
viel, vie|le
viel|leicht
vier
Vo|gel, der
die Vö|gel
voll
vom
von
von|ein|an|der
vor
vor|bei
Vor|der|rad, das
vor|fah|ren
vor|füh|ren
führt vor
vor|her
vor|las|sen
vor|le|sen
liest vor
vor|neh|men
Vor|mit|tag, der
vorn

vor|rech|nen
rech|net vor
vor|sich|tig
vor|rück|en
vor|ste|hen
vor|wer|fen
wirft vor
Vul|kan, der
die Vul|ka|ne

W w

wach
Wachs, das
wach|sen
wächst, wuchs,
ge|wach|sen
Waf|fel, die
die Waf|feln
Wa|gen, der
Wahl, die
die Wah|len
wäh|len
wählt
wahr
wahr|schein|lich
Wal, der
die Wa|le
Wald, der
die Wäl|der
Wand, der
die Wän|de
wan|dern
wan|dert
wann
Wan|ne, die
war
ich war

warm
wär|mer,
am wärms|ten
Wär|me, die
war|ten
war|tet
wa|rum, war|um
was
wa|schen
wäscht, wusch,
ge|wa|schen
Was|ser, das
wech|seln
wech|selt
We|cker, der
Weg, der
die We|ge
weg
weg|lau|fen
weh|ren
wehrt
weich
Weih|nach|ten
wei|nen
Wein|trau|be, die
die Wein|trau|ben
weiß
weit
wei|ter,
am wei|tes|ten
Wei|zen, der
wel|che, wel|cher
wel|ken
welkt
Wel|le, die
Welt, die
wem
wen
we|nig
we|nigs|tens

wenn
wer
wer|den
wird, wur|de,
ge|wor|den
Wet|ter, das
wich|tig
wich|ti|ger,
am wich|tigs|ten
wi|ckeln
wi|ckelt
wie|der
Wie|se, die
wie viel
wie viele
wild
Wind, der
win|ken
winkt
wir
wirk|lich
wis|sen
weiß, wus|ste,
ge|wusst
Witz, der
die Wit|ze
wit|zig
Wo|che, die
wohl
woh|nen
wohnt, wohn|te,
ge|wohnt
Woh|nung, die
Wol|ke, die
Wol|le, die
wol|len
will
Wort, das
die Wör|ter

Wun|der, das
die Wun|der
wun|dern, sich
wun|dert
Wunsch, der
wün|schen
wünscht
Wür|fel, der
Wurm, der
die Wür|mer
Wurst, die
die Würs|te
Wur|zel, die
die Wur|zeln
Wut, die
wü|tend

Z z

Zahl, die
zäh|len
zählt
zahm
zäh|men
zähmt
Zahn, der
die Zäh|ne
zan|ken
zankt
zau|bern
zau|bert
Zaun, der
die Zäu|ne
Ze|bra, das
die Ze|bras
Zeh, der
auch: die Ze|he
die Ze|hen
zehn

zeich|nen
zeich|net
Zeit, die
Zeit|schrift, die
Zei|tung, die
Zelt, das
die Zel|te
zer|rei|ben
zer|rei|ßen
zer|reißt
zer|rupf|en
zer|stö|ren
zer|stört
Zet|tel, der
Zeug|nis, das
die Zeug|nis|se
Zie|ge, die
die Zie|gen
zie|hen
zieht, zog,
ge|zo|gen
zie|len
zielt
ziem|lich
Zim|mer, das
Zir|kus, der
Zi|tro|ne, die
die Zi|tro|nen
Zoo, der
Zopf, der
die Zöp|fe
zu
Zu|cker, der
zu En|de
zu|erst
Zug, der
die Zü|ge
zü|gig
zu|gu|cken
guckt zu

zu Hau|se sein
Zu|hau|se, das
zu|hö|ren
hört zu
zu|letzt
zum, zur
zün|den,
zün|det, zün|de|te,
hat ge|zün|det
zu|rück
zu|sam|men
zu viel
zu we|nig
zwar
zwei
Zweig, der
die Zwei|ge
Zwerg, der
die Zwer|ge
zwi|cken
zwickt
zwi|schen
zwölf

Hier kannst du vergleichen, ob du alles richtig gemacht hast.
Wenn du weiter üben möchtest, schlage die Seiten mit dem Pfeil ▸ auf.

Lern-Werkstatt Seite 77 – Lösungen	**Weiter üben**
1 Lernstoff mit eigenen Worten wiedergeben, wichtige Stichpunkte aufschreiben, Skizzen und Bilder anfertigen, wichtige Lerninhalte farbig markieren, selbst Fragen stellen und Übungsaufgaben lösen.	▸ Seite 72
2 Blumen – Substantive werden großgeschrieben, gefällt – die meisten Wörter, die mit ä oder äu geschrieben werden, stammen von Wörtern mit a oder au ab: gefällt – gefallen, Die – Satzanfänge werden großgeschrieben, bunt – wenn man das Wort verlängert, hört man das t: bunt – bunte, wickelt – Verben werden kleingeschrieben, Mutter – wenn man nach einem kurzen Selbstlaut nur einen Mitlaut hört, wird er beim Schreiben verdoppelt.	▸ Seite 80, 88, 92
3 der Schnee – Seite 147, weiß – Seite 151, der Zucker – Seite 151, süß – Seite 149, die Kugel – Seite 143 , rund – Seite 146, das Messer – Seite 144, scharf – Seite 147	▸ Seite 18
4 Ich suche in der Wörterliste die Grundform: **helfen**, hilft, half, geholfen.	▸ Seite 76
5 Nur das Wichtigste heraussuchen, alles übersichtlich anordnen.	▸ Seite 73

Rechtschreib-Werkstatt Seite 87 – Lösungen	**Weiter üben**
1 die Tasse, ich weiß, ich wusste, sie lässt, sie ließ, abbeißen	▸ Seite 84
2 die Tonne, die Töne, das Schiff, schief, die Suppe, die Lupe	▸ Seite 80, 81
3 die Brücke, dunkel, die Glocke, wirklich, zurück	▸ Seite 82
4 Antwort b ist richtig.	▸ Seite 83
5 die Grenze, der Pelz, plötzlich, die Glatze, schwarz	▸ Seite 83
6 das Gas, der Spaß, er schießt, der Kreis, das Gras	▸ Seite 84, 86

Rechtschreib-Werkstatt Seite 97 – Lösungen	Weiter üben
1 die Kuh, der Schuh, der Zeh, das Reh, das Stroh, der Floh	▸ Seite 89, 90
2 ohne, kühl, das Huhn	▸ Seite 91
3 er kriegt, sie zankt, sie fragt, es stinkt, er mag, sie hinkt	▸ Seite 88
4 die Hände, die Zelte, die Kälte, die Zwerge, selten, ärgern	▸ Seite 92
5 gehen, sehen, die Ruhe, die Schuhe, blühen, glühen	▸ Seite 90
6 Weil ein **r** zu der Vorsilbe ver- gehört und ein **r** zum Verb reisen.	▸ Seite 93
7 Kontrolliere mit der Wörterliste oder dem Wörterbuch.	▸ Seite 94
8 Kontrolliere mit der Wörterliste oder dem Wörterbuch.	▸ Seite 94
9 Kontrolliere mit der Wörterliste oder dem Wörterbuch.	▸ Seite 96

Sprach-Werkstatt Seite 119 – Lösungen	Weiter üben
1 Eines Tages lief ein aufgeregter Hund auf mich zu.	▸ Seite 102
2 a. Pronomen sind kleine Wörter, man kann sie für Substantive einsetzen.	▸ Seite 107
3 bissig, dick	▸ Seite 106
4 a. Ich bin genauso groß wie mein Bruder. b. Ich bin größer als meine Schwester.	▸ Seite 106
5 a. Präteritum: Gestern spielten wir gegen die 4b. b. Präsens: Wir spielen sonst gar nicht schlecht. c. Perfekt: Aber gestern haben wir verloren. d. Futur: Vielleicht werden wir nächste Woche gewinnen.	▸ Seite 31-33, 34, 110, 111
6 Fünf Satzglieder: Im Zirkus / zauberte / der Zauberer / aus seinem Hut / einen Hasen.	▸ Seite 112, 113
7 Der Vater schenkt seinem Sohn einen Computer.	▸ Seite 114-116
8 Ines fragte: „Spielst du morgen mit?“ – „Ich bin doch krank!“, sagte Felix.	▸ Seite 117, 118

Adjektiv: Adjektive sind Wörter, mit denen man genauer sagen kann, wie etwas aussieht, wie etwas ist: *schön, klein, hoch*. Mit ihnen kann man Dinge vergleichen; man kann sie steigern. Es gibt eine Grundstufe, eine Mehrstufe und eine Meiststufe. Alle Adjektive können zwischen Artikel und Substantiv stehen: *der kleine Kater*. ▶ Seite 18, 77, 94, 97, 106, 119

Akkusativ: Substantive können in vier verschiedenen Fällen stehen. Man kann den Akkusativ mit *wen?* erfragen: *Wen sehe ich? Ich sehe den Radfahrer.* ▶ Seite 104, 105, 115, 116

Alphabet: Das Alphabet besteht aus den 26 Buchstaben des ABCs von A bis Z. ▶ Seite 74

Anführungszeichen: Anführungszeichen werden zu Beginn und zum Schluss der wörtlichen Rede gesetzt. Sie zeigen, wo die wörtliche Rede beginnt und entdet: *Der Junge ruft: „Das ist schön!"* ▶ Seite 118

Artikel: Die kleinen Wörter, die vor einem Substantiv stehen, nennt man Artikel: *der, die, das, ein, eine*. An den Artikeln kann man die Substantive erkennen: *der Löffel, die Gabel, das Messer, ein Teller, eine Tasse*. ▶ Seite 98, 101

Aufforderungssatz: Mit dem Aufforderungssatz wird dazu aufgefordert etwas zu tun. Am Ende eines Aufforderungssatzes setzt man ein Ausrufezeichen.

Aussagesatz: In dieser Art des Satzes wird eine wahre oder falsche Aussage gemacht. Am Ende eines Aussagesatzes setzt man einen Punkt. ▶ Seite 117

bestimmter Artikel: Die bestimmten Artikel sind *der, die, das*. Sie stehen in der Regel vor Substantiven: *der Löffel, die Gabel, das Messer.* ▶ Seite 98, 101

Bestimmungswort: Bei einem zusammengesetzten Substantiv nennt man den ersten Teil Bestimmungswort: *Apfel-kuchen*. ▶ Seite 37

Bindewort: Bindewörter sind Wörter, die Wörter und Sätze miteinander verbinden: *der Hund und die Katze – ich komme, wenn du es möchtest.* Die häufigsten Bindewörter sind: *und, denn, als, weil, wenn*. ▶ Seite 11, 18, 25, 117

Dativ: Substantive können in vier verschiedenen Fällen stehen. Der Dativ ist einer von ihnen. Man kann ihn mit dem Fragewort *wem?* erfragen: *Wem helfe ich? Ich helfe dem Freund*. ▶ Seite 104, 105, 115, 116

Dehnungs-h: Das Dehnungs-h zeigt an, dass der Selbstlaut, der davor steht, lang ausgesprochen wird: *füh-len*. ▶ Seite 74, 91, 97

Doppelpunkt: Einen Doppelpunkt setzt man am Ende eines Begleitsatzes der wörtlichen Rede. Doppelpunkte machen darauf aufmerksam, dass nach ihnen etwas Wichtiges kommt: *Sie sagte: ...* ▶ Seite 118

doppelter Mitlaut: Ein doppelter Mitlaut entsteht, wenn man denselben Buchstaben verdoppelt. Die häufigsten doppelten Mitlaute sind: *ff, ll, mm, nn, pp, rr, ss, tt*. ▶ Seite 80, 81

Einzahl (Singular): Substantive können in der Einzahl stehen: *das Haar, ein Haar*, oder in der Mehrzahl: *die Haare, viele Haare*. ▶ Seite 100

Ergänzung: Viele Sätze haben eine Satzergänzung. Ergänzungen sind Satzglieder, die zusätzlich zum Prädikat und zum Subjekt den Satz ergänzen. Mit verschiedenen Fragewörtern kann man sie erfragen: *wen oder was?, wem?, wo?/woher?/wohin?, wann?/wie lange?/wie oft?, wie?/wie viel?/womit? Er gibt ihr (wen oder was?) einen Stift. Ich helfe (wem?) meinem Freund. Die Katze liegt (wo?) im Korb. Oma backt (wann?) morgen. Der Hund flitzt (wie?) schnell.* ▶ Seite 115, 116

Fabel: Eine Fabel ist eine kurze Geschichte, in der Tiere vorkommen, die sich wie Menschen verhalten und wie Menschen reden. Fabeln haben am Schluss meistens einen Lehrsatz. ▶ Seite 120–126

Figur: Eine Person, ein Fabeltier oder ein anderes lebendiges Wesen in einem Erzähltext nennt man eine Figur. ▶ Seite 125

Fragesatz: In dieser Art des Satzes wird etwas erfragt. Am Ende eines Fragesatzes setzt man ein Fragezeichen. ▶ Seite 118

Futur: Das Futur ist eine Zeitform. Sie wird mit *werden* gebildet und sagt etwas aus, was in der Zukunft geschieht: *Ich werde dich morgen besuchen.* ▶ Seite 31, 34, 74, 111

Genitiv: Substantive können in vier verschiedenen Fällen stehen. Man kann den Genitiv mit *wessen*? erfragen: *Wessen Jacke ist nass? Die Jacke des Kindes ist nass.* ▶ Seite 104, 105

Großschreibung: Das erste Wort am Anfang eines Satzes schreibt man groß, damit man erkennen kann, dass etwas Neues beginnt. Die Nomen schreibt man groß, weil sie die wichtigsten Wörter in unserer Sprache sind. ▶ Seite 102

Grundform – Personalform: Im Wörterbuch stehen die Verben in der Grundform. Die Grundform hat immer ein *-en* am Ende: *sehen, laufen, fangen.* Im Satz stehen Verben meistens in der Personalform: *ich sehe, du läufst, sie fängt.* ▶ Seite 76, 81

Grundstufe – Steigerungsstufen: Die einfache Form eines Adjektivs nennt man Grundstufe: *schön, lang, ...* Die Steigerungsstufen, mit denen man etwas vergleicht, heißen Mehrstufe und Meiststufe: *schöner, am schönsten.* ▶ Seite 106, 109

Grundwort: Bei einem zusammengesetzten Substantiv nennt man den zweiten Teil des Wortes Grundwort: *Apfel-kuchen*. ▶ Seite 37

Information: Eine Neuigkeit, die uns jemand mitteilt, nennt man Information. ▶ Seite 21

Komma: Das Komma ist ein Satzzeichen. Mit Kommas trennen wir aufgezählte Wörter und Sätze voneinander ab: *Sie aßen Kuchen, Torte, Eis. – Sie aßen viel, denn sie hatten Hunger.* ▶ Seite 11, 117

Laut: Laute nennt man die Buchstaben von A–Z, wenn sie ausgesprochen werden. Laute kann man hören. Es gibt Selbstlaute und Mitlaute. ▶ Seite 78

männlich – weiblich: An manchen Wörtern kann man erkennen, ob ein Mann oder eine Frau damit gemeint ist. Männlich: *der Pilot,* weiblich: *die Pilotin.*

Mehrzahl (Plural): Von Substantiven kann man eine Mehrzahl bilden: *die Bäume, die Häuser*. Mit der Mehrzahl sind immer mehrere Dinge gemeint. ▶ Seite 100

Mitlaut: Mitlaute sind Laute, bei denen beim Sprechen die Lippen, die Zunge oder die Zähne mitklingen: *b, c, d, f, g, h, j, k, l, m, n, p, q, r, s, t, v, w, x, z.* ▶ Seite 82, 83

Nachsilbe: Nachsilben stehen hinter dem Wortstamm. An Nachsilben kann man Substantive erkennen: *Gesund-heit, Ehrlich-keit, Geheim-nis, Acht-ung.* Die häufigsten Nachsilben von Substantiven sind: *-heit, -keit, -nis, -schaft, -ung.* Die häufigsten Nachsilben von Adjektiven sind: *-bar, -ig, -lich, -sam.* ▶ Seite 99, 103

Name: Ein Mensch hat einen Namen: einen Vornamen wie *Niklas* und einen Familiennamen (oder Nachnamen) wie *Müller*. Auch Tiere und Pflanzen können Namen haben: *Maikäfer, Glockenblume*. Namen haben ebenfalls Städte, Länder und Straßen: *Köln, Deutschland, Bergstraße, ...* ▶ Seite 7–9

Nominativ: Substantive können in vier verschiedenen Fällen stehen. Der Nominativ ist einer davon. Man kann ihn mit der Frage *wer oder was?* erfragen: *Wer schläft? Der Vater schläft.* ▶ Seite 104, 105

Perfekt: Das Perfekt ist eine Zeitform. Man verwendet sie vor allem, wenn man mündlich über etwas Vergangenes spricht: *Ich habe gespielt*. ▶ Seite 33, 74, 110

Personalform: Verben stehen im Satz immer in einer Personalform. Die Personalform bestimmt die Endung des Verbs. Sie zeigt die Person/die Personen und die Zeit an: *Ich male ein Bild. Max und Moritz spielten einen Streich.* ▶ Seite 74

Plural (Mehrzahl): Von Substantiven kann man einen Plural bilden: *die Bäume, die Häuser*. Mit dem Plural sind immer mehrere Dinge gemeint. ▶ Seite 100

Prädikat: Das Prädikat ist ein Satzglied. Es sagt aus, was einer tut oder was geschieht: *Die Köchin kocht.* ▶ Seite 114, 116

Präsens: Das Präsens ist eine Zeitform. Man verwendet sie vor allem, wenn man über etwas spricht oder schreibt, das in der Gegenwart geschieht: *Ich spiele gerade.* ▶ Seite 33, 74, 110

Präteritum: Das Präteritum ist eine Zeitform. Man verwendet sie vor allem, wenn man über etwas Vergangenes schreibt: *Gestern spielte ich Fußball.* ▶ Seite 33, 34, 74, 110

Pronomen: Pronomen sind kleine Wörter, die man 1. für Substantive einsetzen kann: *Sie hilft der Freundin.* ➔ *Sie hilft ihr.* Pronomen sind 2. kleine Wörter, die man anstelle von Artikeln vor Substantive setzen kann: *Sie hilft ihrer Freundin.* ▶ Seite 107, 114, 115

Punkt: Einen Punkt setzt man, wenn ein Satz zu Ende ist. Punkte grenzen Sätze voneinander ab. ▶ Seite 117

Redebegleitsatz: Wer etwas sagt, steht im Redebegleitsatz. Was einer sagt, steht in der wörtlichen Rede: *Amelie sagt: „Gib mir den Ball!"* ▶ Seite 118, 119

Rondell: Das Rondell ist eine Gedichtform. In einem Rondell werden bestimmte Verse mehrere Male wiederholt. ▶ Seite 129

Satz: Ein Satz besteht aus Wörtern, die zu einem Gedanken zusammengeschlossen werden: *Wir haben einen Teich. Darin schwimmen Fische.* Am Ende eines Satzes setzt man einen Punkt. Das erste Wort in einem Satz schreibt man groß. ▶ Seite 117

Satzarten: Die drei Satzarten sind: der Aussagesatz mit einem Punkt am Ende, der Ausrufesatz mit einem Ausrufezeichen am Ende, der Fragesatz mit einem Fragezeichen am Ende. ▶ Seite 117, 118

Satzglied: Was ein Satzglied ist, bekommt man durch Umstellproben heraus. Jeder Teil eines Satzes, den man an den Anfang eines Satzes umstellen kann, ist ein Satzglied. Satzglieder können aus einem oder aus mehreren Wörtern bestehen: *Ich gehe jetzt ins 2. Schuljahr. Jetzt gehe ich ins 2. Schuljahr. Ins 2. Schuljahr gehe ich jetzt. Gehe ich jetzt ins 2. Schuljahr?* ▶ Seite 112, 119

Satzkern: Das Subjekt und das Prädikat bilden den Satzkern. Ein Satz kann auch nur Subjekt und Prädikat bestehen: *Das Mädchen läuft.* ▶ Seite 114

Satzschlusszeichen: Satzschlusszeichen sind die Zeichen, die man am Ende eines Satzes setzt: Punkt, Fragezeichen, Ausrufezeichen. ▶ Seite 117, 118

Selbstlaut: Selbstlaute sind Laute, die beim Sprechen selbst klingen: *a, e, i, o, u.* Auch die Umlaute *ä, ö, ü* und die Zwielaute *au, äu, ei, eu* sind Selbstlaute. Es gibt kurze Selbstlaute und lange Selbstlaute. ▶ Seite 78, 79, 82–84

Silbe: Silben sind Teile von Wörtern. Wörter können aus einer oder aus mehreren Silben bestehen: *Mai, Ju-ni, De-zem-ber.* Beim deutlichen Sprechen kann man die Silben hören. ▶ Seite 34, 44, 74, 94, 99

Singular (Einzahl): Substantive können im Singular stehen: *das Haar, ein Haar,* oder im Plural: *die Haare, viele Haare.* ▶ Seite 100

steigern: Adjektive lassen sich steigern. Dadurch kann man genauer unterscheiden, wie etwas ist: *Er ist größer als ich.* ▶ Seite 106

Subjekt: Das Subjekt ist ein Satzglied. Im Subjekt wird meistens jemand genannt, der etwas tut. Das Subjekt kann man mit *wer?* erfragen. *(wer?) Der Maler streicht die Wände an.* ▶ Seite 114, 116

Substantiv: Substantive sind die wichtigsten Wörter in unserer Sprache. Sie werden deshalb großgeschrieben. Substantive bezeichnen Lebewesen (*Kind, Pflanze, Fisch, ...*), Gegenstände (*Haus, Bleistift, Tisch, ...*), Gefühle und Gedanken (*Spaß, Angst, Klugheit*).
▶ Seite 18, 26, 100, 102–105, 114

Umlaut: Umlaute sind solche Selbstlaute, die zwei Striche über den Buchstaben haben: *ä, äu, ö, ü.*
▶ Seite 92

umstellen: Ein Satz besteht aus einer Folge von Wörtern. Einige von ihnen lassen sich an eine andere Stelle im Satz umstellen, zum Beispiel an den Anfang: *Ich esse am liebsten Spaghetti. Spaghetti esse ich am liebsten. Am liebsten esse ich Spaghetti.*
▶ Seite 112, 113, 119

unbestimmter Artikel: Die unbestimmten Artikel sind *ein, eine*. Sie können vor Substantiven stehen: *ein Löffel, eine Gabel.*
▶ Seite 101

Verb: Mit Verben kann man sagen, was jemand tut oder was passiert: *Ich spiele. Der Ball kullert.*
▶ Seite 26, 52, 108, 109, 114

Vorsilbe: Vorsilben stehen vor dem Wortstamm. Mit Vorsilben kann man neue Wörter bilden: *ent-rätseln, ver-raten.* Die häufigsten Vorsilben sind: *be-, dar-, ent-, ge-, ver-, zer-.*
▶ Seite 74, 99

Wort: Ein Wort hat eine Bedeutung. Hört oder liest man das Wort *Löwe*, dann weiß man, dass damit ein Löwe gemeint ist. Gesprochene Wörter bestehen aus einzelnen Lauten, geschriebene Wörter bestehen aus Buchstaben.

Wörter bilden: Wörter kann man aus Silben bilden: *Ta-ge*, man kann sie aus Wortbausteinen bilden: *täg-lich*, man kann sie auch bilden, indem man zwei Wörter zu einem zusammensetzt: *Spiel-platz.*
▶ Seite 18, 37, 44, 94

Wortbaustein: Viele Wörter sind aus verschiedenen Bausteinen zusammengesetzt. Solche Wortbausteine kann man vorn an ein Wort anfügen (*ab|geben*) oder hinten (*witz|ig*).
▶ Seite 37, 92, 94, 99, 103

Wortfamilie: Eine Wortfamilie besteht aus Wörtern, die miteinander verwandt sind. Ihre Verwandtschaft erkennt man daran, dass sie den gleichen Wortstamm haben. Sie sehen sich ich äußerlich ähnlich: *fahren, fährst, gefahren, Fahrer, Fahrt, Fährte, ...*
▶ Seite 37, 99

Wortfeld: Ein Wortfeld besteht aus Wörtern, die etwas Ähnliches bedeuten: *gehen, laufen, rennen.*
▶ Seite 109

wörtliche Rede: Was jemand sagt, nennt man wörtliche Rede. Wörtliche Reden stehen in Anführungszeichen. Wer etwas sagt, steht im Redebegleitsatz: *Amelie sagt: „Gib mir den Ball!“*
▶ Seite 118

Wortstamm: Der Wortstamm ist der Hauptteil eines Wortes: -spiel-. An einen solchen Wortstamm können oft andere Wortbausteine vorn oder hinten angefügt werden: *Zu-spiel, spiel-bar, ver-spiel-en.*
▶ Seite 37, 74, 99

Zeitform: Zeitformen sind die Formen des Verbs, mit denen man auf die Zeit hinweisen kann. Die wichtigsten Zeitformen sind das Präsens (*ich gehe*), das Perfekt (*ich bin gegangen*) und das Präteritum (*ich ging*).
▶ Seite 110, 111, 119

zusammengesetzte Substantive: Mit einzelnen Substantiven kann man sagen, wie ein Ding heißt: *Ball*. Wenn man es genauer sagen will, kann man zwei Substantive zusammensetzen: *Fuß|ball, Gummi|ball, Tennis|ball*. Substantive, die aus mehreren Wörtern zusammengesetzt sind, heißen zusammengesetzte Substantive.
▶ Seite 18, 37, 44

Zwielaut: Ein Zwielaut besteht aus zwei Selbstlauten. Häufige Zwielaute in der deutschen Sprache sind: *au, äu, ei, eu.*

Themen-Kapitel	Sprechen und Zuhören	Schreiben, einschließlich Rechtschreiben
Im Buch stöbern Seite 4 – 5	Eine Erkundung durch das Sprachbuch unternehmen	
A ... wie Anfang Seite 6 – 9	Über Schrift sprechen; Schrift beschreiben, vergleichen, beurteilen	Eine gut lesbare Handschrift schreiben; Schreibwerkzeuge und Schreibmaterialien funktionsgemäß auswählen; neue Medien zur Gestaltung von Texten nutzen
Ich und die anderen Seite 10 – 19	Sich eine Meinung bilden, sie äußern und begründen; Konfliktlösungen anbahnen; gemeinsam Regeln festlegen und sich daran halten; Vorgänge szenisch umsetzen	Nach Satzmustern schreiben; für andere schreiben; gemeinsam Regeln festlegen und sich daran halten; Wortsammlungen anlegen; methodisch sinnvoll und korrekt abschreiben; zusammengesetzte Wörter
Tiere im Wasser Seite 20 – 27	Stichwörter nennen; über Textinhalte sprechen; Fotos beschreiben; Informationen austauschen	Texte zuordnen; Steckbrief anlegen; methodisch sinnvoll und korrekt abschreiben
Die Welt um uns herum Seite 28 – 35	Texte und Bilder einander zuordnen; in Texten Informationen finden; Anweisungen in Texten verstehen und danach handeln	Bildbeschreibung ergänzen; eine Tabelle anlegen; methodisch sinnvoll und korrekt abschreiben; Schreibprodukte geordnet festhalten
Das Fahrrad und andere Erfindungen Seite 36 – 45	Über Erfahrungen berichten; Argumente sammeln; Streitgespräche führen; Feedback geben; Werbe-Ideen entwickeln; ein eigenes Fantasie-Fahrrad entwerfen und beschreiben	Geschichte des Fahrrades schreiben; einen kurzen Text schreiben; Plakate entwerfen; methodisch sinnvoll und korrekt abschreiben
Feuer Seite 46 – 53	Eigene Gesprächsbeiträge bringen	Abschreiben üben; Grafiken, Symbolen Informationen entnehmen; Texte nach Anregungen schreiben; Texte überarbeiten; sich in eine Situation hineinversetzen; ein Gedicht schreiben
Medien – lesen hören, sehen Seite 54 – 61	Medien auswählen und vorstellen; ein Projekt planen; Texte besprechen und überarbeiten	Projekte mithilfe einer Mindmap planen; nach Anregungen schreiben; Texte besprechen und überarbeiten; methodisch sinnvoll und korrekt abschreiben
Jahreszeiten, Feste und Feiern Seite 62 – 71	Arbeitsanweisungen verstehen und umsetzen; Bilder beschreiben	Eigene Geschichten erfinden; Schreibprodukte geordnet festhalten; einen kurzen Text schreiben; eine kleine Geschichte schreiben

Lesen – mit Texten und Medien umgehen	Sprache und Sprachgebrauch untersuchen
Sich in einem Buch orientieren: Inhaltsverzeichnis, Bilder, Kapitel, Werkstätten, Wörterliste	
Sich eine Meinung bilden und sie äußern; recherchieren; mit dem Lexikon arbeiten; Bilder Texten zuordnen; mit Medien arbeiten; im Internet Informationen sammeln	Wortarten kennenlernen: Bindewort; sich mit unterschiedlichen Sprachen beschäftigen; mit Sprache kreativ umgehen; schwierige Wörter kennenlernen; zusammengesetzte Wörter
In Texten Informationen finden; unterschiedliche Medien, Informationsquellen nutzen; Bilder betrachten und Texte zuordnen; in Texten Informationen finden; Arbeit mit der Wörterliste; Anweisungen in Texten verstehen und danach handeln	Erklärungen für unbekannte Wörter suchen; mit Bindewörtern arbeiten; Begründungssätze mit weil; Arbeit mit der Wörterliste
Im Internet recherchieren; Informationen sammeln	Zeitformen: Futur; in verschiedenen Zeitformen schreiben; Wörter nach Silbenzahl ordnen
Bildern Informationen entnehmen; Texte und Bilder einander zuordnen; Fragen aus einem Text beantworten; im Internet recherchieren	Fachwörter verwenden und erklären; Zusammengesetzte Substantive verwenden; mit Wortfamilien arbeiten; Fachbegriffe kennenlernen; mit Sprache kreativ umgehen; Werbesprüche erfinden; Wörter nach Silbenzahl ordnen;
Anleitungen erlesen und danach handeln	Mit Wortbausteinen arbeiten; Wörter ordnen
Leseerfahrung beschreiben; Medien nutzen; Medien zum Gestalten eigener Beiträge nutzen	Schwierige Wörter kennenlernen
Feste anderer Länder kennenlernen; gezielt Informationen in Texten finden; Informationen mit neuen Medien sammeln; Schreibmaterialien herstellen; Informationen einem Text entnehmen; Strukturen poetischer Texte kennenlernen; Informationen aus einem Sachtext entnehmen; Anweisungen in Texten verstehen und danach handeln	Wörter aus anderen Sprachen entdecken; Gemeinsamkeiten und Unterschiede von Sprachen benennen; sich mit unterschiedlichen Sprachen beschäftigen

Pusteblume

Das Sprachbuch 4

Sachsen

Neubearbeitung

Dieses Werk folgt der reformierten Rechtschreibung und Zeichensetzung.
Ausnahmen bilden Texte, bei denen künstlerische, philologische oder lizenzrechtliche Gründe einer Änderung entgegenstehen.

Auf verschiedenen Seiten dieses Buches befinden sich Verweise (Links) auf Internet-Adressen. Haftungshinweis: Trotz sorgfältiger inhaltlicher Kontrolle wird die Haftung für die Inhalte der externen Seiten ausgeschlossen. Für den Inhalt dieser externen Seiten sind ausschließlich deren Betreiber verantwortlich. Sollten Sie dabei auf kostenpflichtige, illegale oder anstößige Inhalte treffen, so bedauern wir dies ausdrücklich und bitten Sie, uns umgehend per E-Mail davon in Kenntnis zu setzen, damit beim Nachdruck der Verweis gelöscht wird.

Druck A[1] / Jahr 2012
Alle Drucke der Serie A sind im Unterricht parallel verwendbar.

Redaktion: Christin Bußhoff, Michaele Gruschka, Daniela Mibus
Herstellung: Gundula Wanjek-Binder, Hannover
Umschlaggestaltung: Andrea Heissenberg mit einer Illustration von Alexander Steffensmeier
Layout: Jesse Konzept & Text GmbH, Hannover
Satz: Sabine Rettstatt, typotext, Dortmund
Druck und Bindung: westermann druck GmbH, Braunschweig

ISBN 978-3-507-**42684**-9

Zum Sprachbuch 4 gehören

Arbeitsheft 4	(978-3-507-42687-0)
Arbeitsheft 4 mit Lernsoftware	(978-3-507-42690-0)
Lehrermaterialien Sprachbuch 4 mit CD-ROM	(978-3-507-42693-1)
Förderheft 4	(978-3-507-40291-1)
Forderkartei 4	(978-3-507-40256-0)
Lesebuch 4	(978-3-507-42696-2)
Lehrermaterialien Lesebuch 4	(978-3-507-42699-3)
Hör-CD zum Lesebuch 4	(978-3-507-40299-7)

Quellen

20.1: Astrofoto, Sörth (NASA); 23.1: Juniors Bildarchiv GmbH, Hamburg; 23.2: Wildlife Bildagentur GmbH, Hamburg (M. Lane); 24.1: OKAPIA KG Michael Grzimek & Co., Frankfurt am Main (NAS/Richard Ellis); 25.1: Picture-Alliance GmbH, Frankfurt/Main (Wolfgang Kumm); 28.1: alamy images, Abingdon/Oxfordshire (Sally and Richard Greenhill); 28.2: alamy images, Abingdon/Oxfordshire (travelib asia); 28.3: Lineair Fotoarchief, Berlin; 28.4: alamy images, Abingdon/Oxfordshire (Bill Bachman); 32.1: TransFair, Köln; 36.2: Hase Spezialräder, Waltrop ; 36.3: iStockphoto, Calgary (dd72); 36.4: iStockphoto, Calgary (gibsonff); 36.5: iStockphoto, Calgary (lightkeeper); 40.1: Picture-Alliance GmbH, Frankfurt/Main (KPA/Theissen); 40.2: mauritius images GmbH, Mittenwald (Oxford Scientific); 41.2: Continental AG, Hannover; 41.3: OKAPIA KG Michael Grzimek & Co., Frankfurt am Main (Karl Gottfried Vock); 41.4: Panther Media GmbH, München (Herbert Esser); 46.1: Panther Media GmbH, München (Jasper Grahl); 46.2: Panther Media GmbH, München (Carina Hansen); 46.3: Panther Media GmbH, München (Rüdiger Rebmann); 46.4: Panther Media GmbH, München (Peter Schmalfeldt); 46.5: BilderBox Bildagentur GmbH, Breitbrunn/Hörsching; 46.6: Panther Media GmbH, München (Antje Lindert-Rottke); 54.1: Studio Schmidt-Lohmann, Hannover; 66.1: bpk - Bildagentur für Kunst, Kultur und Geschichte, Berlin; 69.1: mauritius images GmbH, Mittenwald (Photo Library); 73.1: Bassermann Verlag, München (Kaser, Wolf: Das bunte Tierlexikon für Kinder von A bis Z, 1998); 73.2: Arena Verlag GmbH, Würzburg (Peter, Hans: Das will ich wissen. Wale und Delfine, 2008); 73.3: Tessloff Verlag, Nürnberg (WAS IST WAS, Band 85: Wale und Delfine, 2010).